De bem com a vida
COMO ELEVAR A SUA AUTOESTIMA E AJUDAR VOCÊ A SER MAIS FELIZ!

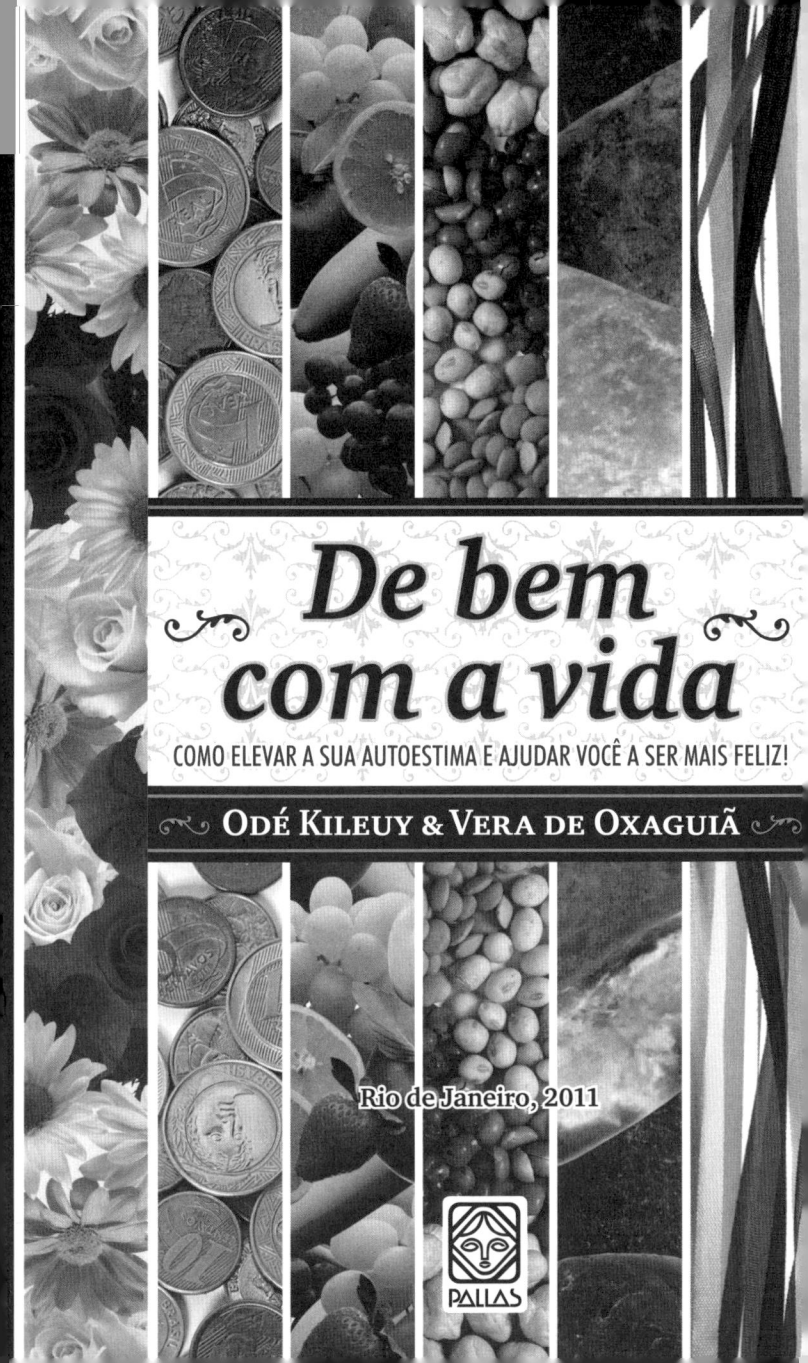

De bem com a vida

COMO ELEVAR A SUA AUTOESTIMA E AJUDAR VOCÊ A SER MAIS FELIZ!

ODÉ KILEUY & VERA DE OXAGUIÃ

Rio de Janeiro, 2011

PALLAS

Copyright © 2011
Pallas Editora

Editoras
Cristina Fernandes Warth
Mariana Warth

Coordenação editorial
Silvia Rebello

Preparação de originais
Eneida D. Gaspar

Produção editorial
Aron Balmas
Rafaella Lemos

Revisão
Fernanda Mello

Projeto gráfico de miolo
Aron Balmas

Editoração eletrônica
Abreu's System Ltda.

Capa
Luis Saguar
Rose Araujo

(Este livro segue as novas regras do Acordo Ortográfico da Língua Portuguesa.)

Todos os direitos reservados à Pallas Editora e Distribuidora Ltda.
É vetada a reprodução por qualquer meio mecânico, eletrônico, xerográfico etc.,
sem a permissão por escrito da editora, de parte ou totalidade do material escrito.

CIP-BRASIL. CATALOGAÇÃO-NA-FONTE
SINDICATO NACIONAL DOS EDITORES DE LIVROS, RJ

M414b
    Maurício, George
        De bem com a vida : como elevar a sua autoestima e ajudar você a ser mais feliz! / Odé Kileuy & Vera de Oxaguiã. - Rio de Janeiro : Pallas, 2011.

        180 p.

        ISBN 978-85-347-0463-2

        1. Magia. 2. Feitiços. I. Vera, de Oxalá. II. Título.

11-3838.
                                                              CDD: 133.43
                                                              CDU: 133.4

Pallas Editora e Distribuidora Ltda.
Rua Frederico de Albuquerque, 56 – Higienópolis
cep 21050-840 – Rio de Janeiro – RJ
Tel./fax: 21 2270-0186
www.pallaseditora.com.br
pallas@pallaseditora.com.br

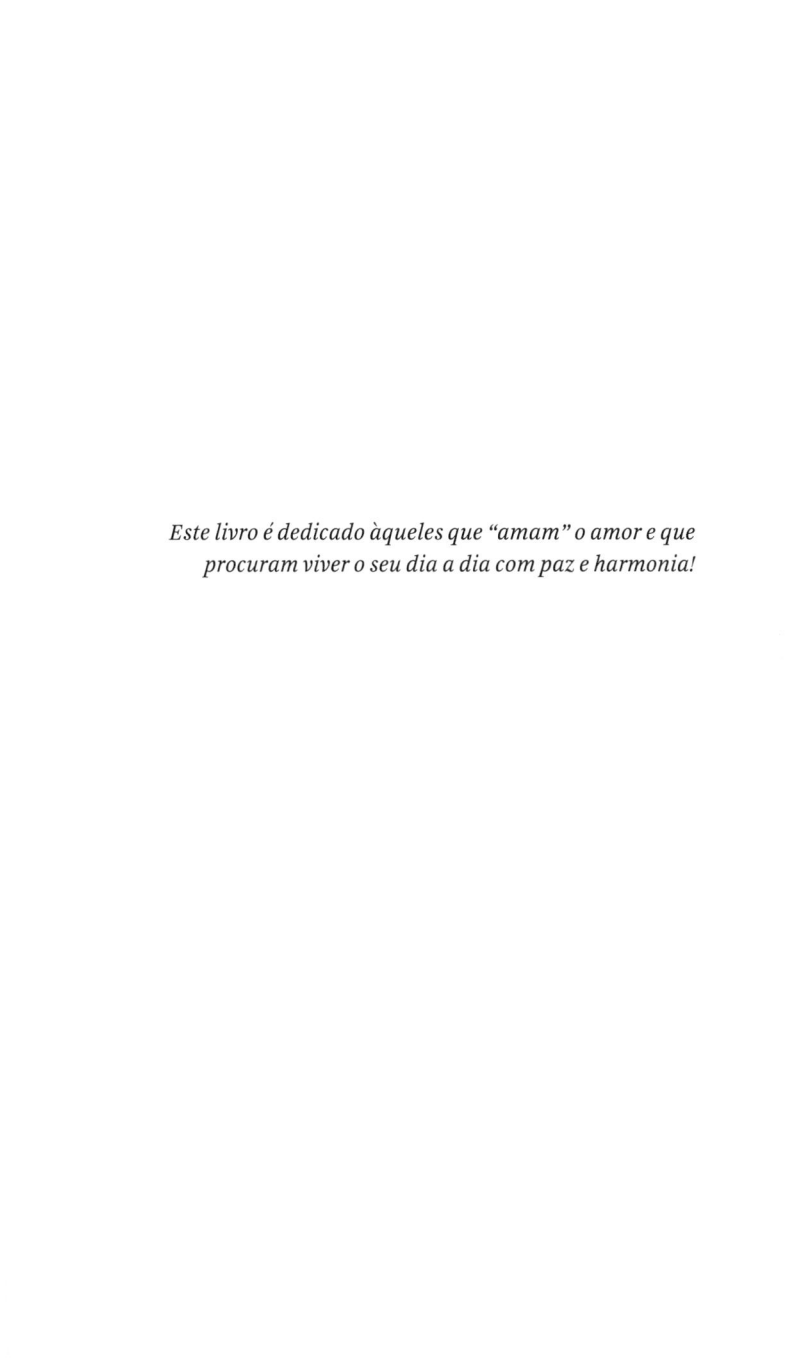

Este livro é dedicado àqueles que "amam" o amor e que procuram viver o seu dia a dia com paz e harmonia!

sumário

O que é melhor?, 9

Conversando com os leitores, 11

Folhas, ervas, raízes e favas, 15

Flores, 21

Essências, 25

Cores, 35

Pedras, 39

Simpatias, 45
Simpatias para toda a família, 46
Simpatias para o amor, 63

Banhos, 83
Banhos de descarrego, 84
Banhos para ajudar positivamente, 96

Defumadores, 125
Defumadores para descarregar, aliviar ambientes, 126
Defumadores para atrair positividade, 133

Perfumes, 149

Talismãs, 153

Chás, 169

Os autores, 179

o que é melhor?

Uma jovem, ao sair de casa, encontrou sentados em seu portão três simpáticos anciãos de longas barbas brancas. Gentilmente, perguntou se eles estavam com fome e convidou-os a entrar.

— O homem da casa está? — perguntaram em conjunto.

— Não, ele está fora, está trabalhando — ela disse.

— Então não podemos entrar em sua casa — responderam.

Quando o marido chegou, à noite, ela lhe contou o ocorrido. Ele pediu, então, que ela fosse lá convidá-los para jantar com a família.

— Não podemos entrar juntos — responderam.

— Por quê? — ela perguntou.

Um dos velhos, apontando um dos amigos, explicou-lhe:

— Este é Fartura. Aquele é o Sucesso. Eu sou o Amor. Converse com seu marido e pergunte qual de nós vocês querem em sua casa.

A mulher, estonteada, entrou e contou ao marido o que lhe foi dito. Ele ficou esperançoso e pediu que ela convidasse Fartura, para que viesse encher a casa de fartura.

de bem com a vida

A esposa ponderou:

— Meu querido, por que não convidamos o Sucesso? Assim, a nossa vida será eternamente cheia de *glamour*, uma festa, seremos reconhecidos aonde chegarmos!

Ambos ficaram sem saber o que fazer. A filha, que a tudo escutava, deu uma sugestão:

— Papai, mamãe, por que não convidamos o Amor? Assim, nossa casa estará sempre repleta de felicidade, alegria e união!

— Vamos atender ao conselho de nossa filha! — disse o marido à esposa. — Chame o Amor para ser nosso convidado para o jantar!

A mulher saiu e chamou o Amor. Este levantou-se e foi em direção à casa. Os outros dois levantaram-se e seguiram o outro ancião. A mulher, surpresa, avisou-lhes:

— Somente o Amor foi convidado, por que vocês estão entrando?

Os dois responderam, em uníssono:

— Se você tivesse convidado Fartura ou Sucesso, os outros esperariam aqui fora. Como você convidou o Amor, aonde ele for, nós iremos! Onde está o Amor, acompanham também a Fartura e o Sucesso!

conversando com os Leitores

As antigas civilizações, como os egípcios, os gregos, os chineses e vários outros povos, faziam uso quase diário dos banhos perfumados, dos defumadores, dos incensos, dos chás. E esses povos sempre buscavam explicações que esclarecessem racionalmente a aplicação dessas magias, a sua eficácia, o desdobramento e os resultados do seu uso. Através da evolução da Ciência, dos estudos e de maiores esclarecimentos, entendeu-se que a magia é uma forma primordial de se dar percepção e realidade a algo que o homem não entende. E que variados elementos, quando unidos, têm grande sensibilidade, produzem e captam energias que auxiliam na estabilização e na harmonização da vida humana.

Neste livro estão incluídos ensinamentos básicos, simples, importantes e de grande ajuda para o dia a dia das pessoas. São banhos, defumadores, amuletos, potes, simpatias fáceis de fazer e de custo bem acessível. Trata-se de ensinamentos provenientes de nossos mais velhos, de nossos ancestrais, que os utilizavam porque viviam em extrema comunhão com as forças da natureza. Saberes estes que, felizmente, foram sendo transmitidos de geração para geração e que, através da escrita, ficarão guardados para a posteridade.

Procuramos trabalhar com elementos de fácil aquisição, como folhas, ervas, flores, especiarias, frutas, essências, pedras, fitas. Vamos nos utilizar da força das cores e, principalmente, dos elementos primordiais, formadores do mundo: a água, o fogo, a terra e o ar.

As ervas, as plantas e as especiarias sempre foram usadas pelos povos antigos como aromatizantes na culinária, na cosmética, nos perfumes, na medicina. Eram também utilizadas para limpar e afastar a negatividade; serviam para embalsamar corpos; algumas ervas ou madeiras, após queimadas, ajudavam a afastar animais ou insetos.

Recomendamos ainda as flores que, além de embelezar, ajudam porque têm condição de trazer boas vibrações e bons fluidos, seja através da cor, seja pelo perfume. Quando da utilização das flores, o ideal é que a pessoa faça uma mentalização com as forças positivas, integrando-se assim com a energia boa e pura da natureza. Se uma pessoa pedir e desejar positividade, sempre terá como resposta a sua distribuição a todos que a rodeiam!

O homem precisa aprender a fazer uso também da força cósmica da Lua, em suas variadas fases, pois a claridade da Lua é necessária, e de grande utilidade, em muitos momentos da vida na Terra. Este satélite também ajuda e participa quando da entrega das simpatias.

A radiação luminosa do Sol é outra força poderosa, principalmente pela manhã, em seu ápice; à tarde, no seu declínio, sua potencialidade é mais amena. No tocante às cores, também é do Sol que provém a sua força, pois ele é a condensação equilibrada de todos os matizes existentes na natureza, mas é na cor branca que tem a sua radiação luminosa máxima.

As quatro estações do ano também ajudam o homem no seu comportamento e na confecção e realização de seus desejos e simpatias. A primavera traz o renascimento, a aceitação; é um período de renovação, de flores, de perfume. O verão é a época da alegria, da beleza, das cores, do Sol. O outono representa a maturidade, dá uma certa vulnerabilidade; seus dias costumam ser meio acinzentados, pela falta do Sol forte, mas é período propício para o nascimento das frutas. O inverno conduz ao silêncio, à introspecção, ajudando as pessoas a se prepararem melhor para a alta temporada do verão. Este é um ciclo eternamente renovável!

Os quatro pontos cardeais — Norte, Sul, Leste e Oeste — fazem parte da vida na Terra, pois eles também recebem a força dos elementos principais do Universo, desde o calor escaldante dos interiores até o frio excessivo da neve ou do gelo nas calotas polares. Sendo assim, estamos cercados e amparados por grandes forças da natureza.

Mas o principal disso tudo é o ser humano contar com o "seu" pensamento positivo, para que ele possa aprender a se autoajudar! Aqui, vamos procurar orientá-lo a utilizar este grande potencial que cada pessoa tem, e que muitas vezes está escondido, esperando ser "acordado", podendo assim melhorar seu astral e ajudar a aumentar ainda mais a sua autoestima. É sempre necessário relembrarmos que o elemento mais importante para a confecção destas simpatias é a fé. Se ela não existir, recomendamos: não faça, pois não irá alcançar seus objetivos! O ser humano sem persistência e sem metas não se sente completo; é a falta da sua fé que o torna vazio, sem parâmetros, autômato!

Odé Kileuy & Vera de Oxaguiã

Folhas, ervas, raízes e favas

As folhas, ervas, raízes e favas são partes das plantas muito utilizadas pelo ser humano para ajudá-lo na culinária, na medicina, na limpeza corporal, na limpeza de sua aura. Porém, o papel principal das plantas é purificar o ar que respiramos, e isso ocorre quando elas filtram o gás carbônico e nos fornecem o oxigênio.

Todos que se utilizam das plantas compreendem, e aceitam, que o Criador as entregou ao homem para que este se beneficiasse de suas inúmeras propriedades, além de poder usufruir de sua beleza e de seu aroma, usados para harmonizar e perfumar pessoas e ambientes. A seguir relacionamos algumas folhas, ervas, raízes e favas utilizadas neste livro, e também certos usos e propriedades especiais.

Abre-caminho
É uma folha que serve para fazer limpeza, tirar olho-grande e, assim, trazer sorte.

Acocô
Folha usada para a prosperidade.

Alecrim (rosmaninho)
Folha perfumada muito utilizada na limpeza espiritual. Serve também para acalmar pessoas e ambientes, e transmite coragem e felicidade.

Alfavaquinha
É uma folha indicada para calmaria, que ajuda também a florescer a sensualidade.

Alfazema
A flor da alfazema, em forma de lavanda, é muito usada na perfumaria. Seu uso tranquiliza e acalma.

Alumã (boldo-paulista, boldo-japonês)
É uma folha muito utilizada na limpeza espiritual, servindo também para cortar incompatibilidades, desentendimentos.

Amor-do-campo
Folha indicada para atrair prosperidade, riqueza e positividade.

Aridã
Fava utilizada para cortar feitiços e afastar negatividades.

Aroeira
Folha propícia para limpeza ambiental e corporal.

Arruda
Folha de perfume forte, muito usada para cortar mau-olhado e inveja. Serve também para benzeduras e rezas.

Bilreiro (carrapeta)
É uma folha que ajuda na prosperidade e é muito usada também como protetor contra feitiços.

Camomila (macela)
Suas flores atuam como calmantes e pacificadoras.

Canela (canela-da-índia, canela-de-cheiro)
Especiaria usada em chás como estimulante, excitante. Também indicada como purificador corporal e ambiental, quando utilizada em banhos ou defumadores.

Cana-do-brejo
Folha que serve para acalmar ou para excitar, dependendo do acompanhamento de outras folhas.

Carrapicho
Um tipo de semente utilizada para atração, para o amor.

Colônia
Folha usada para limpeza corporal e para a saúde, pois age como calmante, tranquilizante.

Comigo-ninguém-pode
Folha usada para afastar maus fluidos e para proteção (muito cuidado com seu uso).

Cravo-da-índia
Especiaria utilizada para positividade, triunfo, e também para atração amorosa.

Dama-da-noite
Flor perfumada que traz prosperidade e fartura, e ajuda na defesa.

Dandá-da-costa (tiririca, junça)
Um tipo de raiz usado para atrair boa sorte e que ajuda também na proteção.

Desata-nó
Folha usada para cortar olho-grande, fazer descarrego corporal, e que corta invejas e mandingas.

Dinheiro-em-penca
Folha que ajuda no crescimento financeiro, na sorte e na abertura de caminhos, pois afasta os obstáculos.

Dólar
Folha muito utilizada para a evolução financeira e para sorte.

Erva-doce (funcho, anis, fiolho)
Especiaria usada para preceitos de limpeza e defesa, nos banhos e nos defumadores.

Erva-tostão
Folha usada para defesa e que traz proteção contra feitiços e olho-grande.

Espinheira-santa
Folha que ajuda em banhos de purificação espiritual e na saúde.

Fortuna
É uma folha muito utilizada em banhos e em defumadores para prosperidade.

Guiné (guiné-pipiu, erva-guiné)
Folha de limpeza corporal e ambiental, usada para cortar feitiços.

folhas, ervas, raízes e favas

LOURO
Folha afrodisíaca e também muito utilizada em banhos e defumadores para crescimento financeiro.

MACAÇÁ (CATINGA-DE-MULATA)
Folha extremamente cheirosa que traz paz e tranquilidade, e que ajuda na sedução.

MANJERICÃO
Folha perfumada, bastante usada para proteção.

MANJERONA
Folha que traz boa sorte, harmonia e prosperidade.

MUTAMBA
Folha conhecida como a "folha da amizade", traz calmaria e paz. É a "folha da união".

ORIRI
Suas folhas harmonizam, abrandam, tranquilizam.

PATCHULI
Fava ou folha que produz atração, sensualidade.

PEREGUM (PAU-D'ÁGUA, NATIVO)
Folha usada para proteção, para defesa.

PICHULIM (PICHURIM)
É uma fava usada para prosperidade. Serve para limpeza e para afastar negatividades.

POEJO
Folha utilizada para ajudar no equilíbrio e fazer limpeza espiritual.

Saco-saco
Suas flores servem para descarrego e para atrair sorte.

Saião (folha-da-costa)
É uma folha que acalma, pacifica.

Sálvia
Folha que proporciona tranquilidade, equilíbrio, calmaria.

Sândalo (folha ou raiz)
Seu uso traz a purificação e afasta a negatividade e a interferência de doenças.

Sempre-viva
Flor da positividade, ativante, revitalizante.

Vence-tudo (vence-demanda)
Folha utilizada para descarrego, para abrir caminhos. Elimina negatividades e afasta a presença de maus espíritos.

Verbena
Esta folha serve para atrair boa sorte.

Flores

As flores vermelhas representam emoções apaixonadas. As cor-de-rosa, amores singelos. Flores brancas, amor puro e incondicional, e flores amarelas, a amizade.

Os homens sempre utilizaram as flores como fonte de inspiração, fossem eles poetas, pintores, estilistas, ou amantes das belas-artes. As flores sempre ajudaram estes "enamorados do amor" a expressar seus sentimentos através de belas palavras, sempre acompanhadas por flores, que inebriavam com seu perfume ou com seu arranjo. Outros o conseguiam por meio de pinceladas em lindas telas que atravessaram gerações. O gosto e o uso das flores vêm percorrendo culturas, países, religiões, datas particularizadas há séculos, e cada vez mais se popularizam.

Mas as flores precisam ser cuidadosamente escolhidas, porque elas têm diferentes significados para cada situação. Muitas representam a alegria, a paz e o amor; outras demonstram frieza, indiferença; algumas estão ligadas a momentos tristes, como a doença ou a morte. Como curiosidade, vamos discorrer um pouco sobre alguns tipos de flores muito conhecidas, e sobre outras que serão utilizadas nas simpatias apresentadas a seguir.

Brinco-de-princesa
É uma flor de beleza e cor exuberantes, exprimindo superioridade. Atrai a paixão.

Copo-de-leite
Flor de origem asiática que, pela cor branca, representa a pacificação e a harmonia.

Cravo branco
Simboliza a pureza, a ingenuidade, a claridade, a união e a amizade. Flor nobre, é representante da elegância.

Cravo vermelho
Flor que lembra o amor vivo, ardente.

Crisântemo amarelo
Esta flor significa o amor frágil.

Crisântemo branco
Tem o significado da pureza, da verdade.

Crisântemo vermelho
Tem relação com o amor, com a paixão.

Dormideira
Planta cuja flor é considerada ambígua, pois tanto pode ser usada para a união como para a separação.

Flores-do-campo
Proporcionam o equilíbrio, a ponderação, a meditação.

flores

Girassol
Esta flor transmite dignidade. Ajuda na atração, na paixão e no crescimento pessoal. Representa o brilho do Sol.

Jasmim
Simboliza o amor, a graciosidade, a beleza delicada. Significa amizade, paz, e serve para cortar discórdias.

Laranjeira
Sua flor perfumada e branca significa amor, tranquilidade, pacificação.

Lírio
É a personificação da inocência, da pureza, da doçura. É uma flor delicada, sofisticada e nobre.

Margarida
Representa a inocência, a simplicidade, a virgindade.

Rosa amarela
É uma flor que lembra felicidade, amizade, fraternidade, liberdade e alegria.

Rosa branca
Tem a representação da paz, da inocência e da pureza. Serve para ser usada em momentos que requerem silêncio, respeito, reverência.

Rosa-chá
Representa a admiração, o respeito.

Rosa champanhe
Esta cor nos remete a admiração, respeito, simpatia.

Rosa cor de laranja
Significa encanto, fascínio, entusiasmo e desejo.

Rosa cor-de-rosa
A de tom mais claro transmite solidariedade, carinho, admiração e simpatia. Em tom mais escuro, indica gratidão, amizade e estima.

Rosa vermelha
Simboliza o amor, a paixão, o ardor, a sedução.

Sempre-viva
Flor de grande longevidade, tem o significado de perpetuidade, vivacidade, continuidade.

Violeta
Proporciona coragem, energia, paixão. A violeta aqui considerada é aquela muito usada para enfeitar mesas de festas, chamada de violeta-vermelha.

essências

Essências são os óleos finos e aromáticos obtidos por destilação de flores, folhas, raízes ou cascas de determinados vegetais. São extraídas assim as propriedades químicas que as plantas contêm em suas moléculas. Para aglutinar as fragrâncias são utilizados fixadores, que atuam também como conservantes.

Embora o uso do perfume tenha surgido no Egito, foi a partir do século XIV — na França, onde o cultivo de flores era grande — que aconteceu o real desenvolvimento da perfumaria, e o país permanece até hoje como o centro europeu de pesquisas e líder na comercialização dos perfumes.

As essências podem ser usadas para as pessoas se autoajudarem, fazendo combinações entre as essências e tomando banhos revigorantes, ou usando-as nos defumadores, misturadas com açúcar, sempre de acordo com as funções que são indicadas a seguir.

Absinto
Desperta o amor.

Acácia
Esta essência atua como tranquilizante e como harmonizante psíquico. Ajuda na meditação e no relaxamento.

Alecrim
Purificador e estimulante do corpo, usado em esgotamentos físicos e mentais. Antidepressivo, ajuda no tratamento das pessoas angustiadas, combatendo a apatia e a melancolia, acalmando a ansiedade. É um dos perfumes mais adequados para serem usados no momento das refeições, porque estimula o apetite. Age como revigorante e fortalecedor. Os hipertensos são beneficiados com o aroma de alecrim.

Alfazema
Relaxante e calmante. Regenerador de energias e estimulante do cérebro. Harmonizador de ambientes, traz energias positivas. Seu uso é mais indicado para as entradas das casas, assim como as salas de visitas, porque a alfazema está relacionada à prosperidade e aos relacionamentos.

Âmbar
Promove a união do corpo físico com a parte espiritual e mental.

Amêndoa
Ajuda na melhora da saúde física e mental, sendo também muito utilizada para magias amorosas.

ALGAS
Melhora a concentração no estudo e no trabalho, pois ativa as funções da mente.

ALMÍSCAR
Estimulante sexual, seu perfume aumenta a autoconfiança e a autoestima. Ativa o poder de sedução.

AMOR-PERFEITO
Harmoniza e estimula o romance e as relações afetivas.

ANIS
Combate a frigidez, pois é um estimulante afrodisíaco. Combinado com outros elementos traz melhora financeira.

ARRUDA
Serve para limpeza física e mental, atuando também como agente purificador de ambientes carregados. É usada com eficácia nos locais utilizados para oração e meditação. Combate o mau-olhado, a inveja e o olho-grande. Traz defesa espiritual.

BAUNILHA
Essência afrodisíaca, proporciona equilíbrio e sintoniza a pessoa com seu meio ambiente. Serve como protetor astral, combatendo as demandas e as guerras afetivas e pessoais.

BERGAMOTA
Protege contra acidentes e traz sorte na vida afetiva e empresarial.

BENJOIM
Age como calmante na parte mental das pessoas. Traz prosperidade e ajuda na limpeza e na purificação de ambientes.

Camomila
Combate a excitação nervosa, pois tem ação calmante e alivia a insônia. A camomila produz tranquilidade, harmonia e paz, agindo também como antidepressivo. Ambientes destinados à reflexão são beneficiados com o seu uso.

Café
Energizante, revitaliza e dá equilíbrio, ajudando no melhor uso da mente e do corpo físico. Traz sorte.

Canela
Estimulante e revigorante, é indicada para ambientes de trabalho, pois estimula a força, o vigor e a energia. Proporciona alegria, jovialidade e incentiva a segurança, a paciência e a determinação.

Capim-cheiroso
Seu perfume dá uma sensação de limpeza, de alegria e de relaxamento. Age como um protetor contra males físicos causados por energias negativas.

Cedro
Utilizado como sedativo, curativo e relaxante, é uma essência purificativa, protetora e que age na espiritualidade e na prosperidade. Proporciona autossegurança.

Cipreste
Ativa o plano espiritual e a religiosidade.

Citronela
Sua qualidade mais conhecida é seu uso como repelente de insetos, mas a citronela tem múltiplos usos. É muito

indicada e utilizada como antidepressivo e estimulante para o esgotamento nervoso. É excelente purificador de ambientes.

Cravo
Ajuda no vigor físico e combate a exaustão e o cansaço. Afrodisíaco, age positivamente nas relações amorosas. Energiza o corpo e atrai bons fluidos e vibrações energéticas para a casa, proporcionando uma vida melhor e mais saudável. Atrai proteção, sorte, espiritualidade e amor.

Dama-da-noite
Ajuda a diminuir a agressividade. Afasta as doenças, a tristeza, a melancolia e a fadiga. Atrai defesa total, especialmente para as mulheres.

Erva-doce
Essência da longevidade, é revigorante e refrescante. Muito utilizada para estimular a criatividade, seu uso é recomendado para ambientes de trabalho, de estudo ou de meditação.

Eucalipto
Energizante e revigorante tanto para o corpo quanto para a mente, agindo também como relaxante.

Floral
É essência indicada para momentos de romantismo, que ajuda na harmonia e na paz de espírito.

Flor de laranjeira
Ajuda na parte amorosa, na atração. Relaxante, é antidepressiva, diminui a ansiedade, a insônia e o nervosismo. Indicada para os traumas emocionais. Traz defesa espiritual.

Gengibre
Estimulante, ativante, incentiva a coragem e a confiança, agindo contra a apatia, a depressão e o estresse.

Gerânio
Desbloqueador, ajuda as pessoas acomodadas, fazendo florescer sua criatividade.

Girassol
Traz sorte e claridade, revigora. Age na sedução, na alegria, nos momentos de amor.

Hortelã
É calmante e relaxante, ajudando na comunicação e no bom humor.

Incenso
Revigorante de mentes cansadas pela tensão ou pelo estresse diário. Acalma e estabiliza a ansiedade. Revitaliza o corpo e a mente, dando uma sensação de tranquilidade.

Jasmim
Símbolo do amor e da sensualidade, é um afrodisíaco natural. Afasta a depressão e é um purificador de ambientes carregados de agressividade, negatividade, doenças. Simboliza e traz a paz.

Laranja
Refrescante, proporciona energias positivas e harmoniza ambientes. Combate o cansaço, a melancolia e a tristeza, e ajuda na comunicação e na união entre as pessoas.

essências

LAVANDA
É essência usada para purificar ambientes. Reduz a melancolia e traz alegria e equilíbrio. Estimulante do cérebro, combate a insônia e ajuda na concentração.

LIMÃO
Estimulante do sistema nervoso central, age como purificante e refrescante. Tem perfume agradável e é excelente para momentos de meditação.

LÓTUS
Essência muito usada para a sedução, para os momentos amorosos.

MAÇÃ
Revigorante, atrai vitalidade e boa sorte.

MAÇÃ VERDE
Revitaliza, ativando a alegria. Seu uso traz boa sorte.

MANJERICÃO
Traz proteção, incentiva a coragem e a força física. Harmonizante de ambientes.

MEL
Sintoniza e harmoniza as relações pessoais, seja no trabalho ou em casa.

MIL-FLORES
Purificador, transmite paz e tranquilidade.

MIRRA
Apascenta, harmoniza e protege a família. Atrai prosperidade e melhora o lado financeiro.

Menta
Energizante, aumenta o dinamismo, a criatividade, renova o corpo e o espírito.

Morango
É uma essência sensual, que proporciona calor e amor. Faz brotar a amizade, a simpatia.

Noz-moscada
É indicada para limpeza e como protetor energético e vibrante. Traz defesa para o corpo e para os ambientes. Corta todo tipo de negatividade, mas também pode ser usada como atrativo físico.

Ópio
Energizador, vibrante, serve para a sedução e o encantamento.

Papoula
Usada em momentos voltados para a comunicação, para o conhecimento.

Patchuli
Afrodisíaco, desperta a sensualidade e é condutor de grandes paixões. Como antidepressivo age no lado prático, ajudando no aumento da capacidade de concentração.

Pêssego
Calmante e revigorante. Combate a melancolia e traz alegria e sorte.

Pinheiro
Age positivamente na autoconfiança, restaurando mudanças na vida. Combate a melancolia, a estafa e o esgotamento nervoso.

Pinho
Purificador de ambiente, traz calmaria e ajuda na prosperidade.

Rosa
Calmante do ambiente doméstico, proporciona felicidade, alegria e harmonia.

Romã
É energizante, pacificadora, curativa das dores psíquicas dos homens.

Sândalo
Afrodisíaco, estimulante do sistema nervoso central, ajuda a combater a ansiedade e a depressão. Como relaxante, auxilia no autocontrole e na meditação, trazendo paz e serenidade. Afasta a negatividade, a interferência de doenças, ajuda na purificação, alivia os sofrimentos.

Sálvia
Traz cura e espiritualidade.

Tomilho
Traz saúde, cura e proteção.

Tulipa
Ajuda na busca da espiritualidade.

Verbena
É própria para momentos de concentração, pois tem ação calmante, relaxante. Essência que tem o poder da calmaria.

VIOLETA
Traz paz, tranquilidade, alegria, protege contra a inveja e a violência. Purificador de ambientes.

ZIMBRO
Traz proteção e ajuda no amor.

cores

Sempre utilizadas pelos antigos, as cores possuem simbologias e são aceitas quase unanimemente por todas as nações e por todos os credos. Evidentemente existem diversificações no seu uso em determinadas épocas da História, em ocasiões, em regiões geográficas. Estas também acontecem nas estações do ano, nos rituais, nas celebrações, nas festividades de cada país. Alguns povos se utilizam de cores mais vivas, por estarem em regiões quentes, de clima tropical. Os que residem em áreas mais frias dão preferência às cores mais escuras, que retêm melhor o calor. Mas, basicamente, as cores harmonizam e cada uma possui propriedades variadas, que devem ser utilizadas e aproveitadas no dia a dia pelo ser humano.

A COR AMARELA
É uma cor quente, que sobressai entre as demais e nos lembra alegria, euforia. Simboliza o fruto maduro, o ouro, o calor, a energia solar, a claridade. Atrai amor, dinheiro, prosperidade. Ajuda na concentração, na criatividade; age no intelecto.

A COR AZUL
Proporciona equilíbrio, pacifica, tranquiliza. Harmoniza os ambientes, trazendo paz e serenidade, ajudando na saúde. É a cor dos mistérios, do infinito, da intelectualidade. Simboliza a beleza, a justiça, a nobreza.

A COR BRANCA
Atrai bons fluidos, catalisa saúde, positividade. Harmoniza. É o símbolo da limpeza, da inocência, da pureza, da purificação, da paz, da dignidade. Faz a representação da bondade, do nascimento e também da morte. É uma cor que transmite bons pensamentos e otimismo.

A COR MARROM
É a cor da terra. Ela traz equilíbrio, concentração. Permite a harmonia e ajuda no sucesso financeiro.

A COR PRETA
Representa a terra, o chão que pisamos, de onde surgiu a vida, e para onde todos são levados ao fim desta. É uma cor que representa angústia, dor, pessimismo.

A COR ROSA
Remete-nos à amizade. Invoca a feminilidade, a sensualidade; atrai romance.

A COR ROXA
Transmite poder, idealismo, progresso. Tem o poder de afastar o mal.

A COR VERDE
Traz sorte, sucesso. Proporciona equilíbrio, calmaria. Simboliza a esperança, a longevidade, a força. Representa fertilidade, abundância.

A COR VERMELHA

É considerada uma cor quente, alegre, dinâmica, com predominância sobre as demais. Simboliza a fertilidade, o sangue, o fogo, o movimento, o amor. Representa a sensualidade, a potência sexual, a excitação, a paixão, a comunicação. Renova a força física e espiritual.

A COR VIOLETA

Atrai o amor, aguça os sentidos, é uma cor misteriosa. Simboliza, em muitos casos, o misticismo, a lucidez, a paixão, o equilíbrio, a sabedoria.

pedras

As pedras sempre foram utilizadas na antiguidade como forma de dar uma estrutura à vida do ser humano. Desde a época em que os homens viviam em cavernas, eles se utilizavam das pedras para lhes dar proteção tanto do frio quanto do calor, além de as usarem como defesa contra as feras selvagens ou contra seus inimigos. Foi a partir desta necessidade que o homem descobriu a possibilidade de construir abrigos. E aos poucos foi descobrindo que, entre todas as pedras, existiam algumas especiais, de cores e formatos diferentes, e algumas que tinham características singulares. Passou então a utilizá-las como adorno, descobrindo pouco a pouco seus poderes e suas condições esotéricas quando tratadas ou quando usadas em conjunto com outros elementos. Aprendeu assim que cada pedra tem propriedades e significados diferentes, ajudando as pessoas em diversas ocasiões, pois têm vários níveis de energia.

ATENÇÃO:
As pedras, antes de serem usadas, precisam ser limpas e energizadas por quem vai usá-las. Para limpá-las use uma vasi-

lha de vidro com água e sal grosso. Coloque as pedras submersas durante 24 horas em local aberto, recebendo a energia do Sol durante 12 horas e a da Lua por, no mínimo, seis horas. Elas podem também, em dias de chuva forte, ser colocadas num recipiente e receber a água desta chuva, para descarregarem as energias negativas, que serão levadas pelas águas para a terra.

Para serem energizadas, devem ser lavadas em água corrente, em rios, riachos, cachoeiras, durante alguns minutos, para ficarem, inclusive, em pleno contato com a natureza. Em casa, porém, as pedras podem ser deixadas de molho por 24 horas, ao relento, em recipiente com água mineral sem gás.

ÁGUA-MARINHA
É uma pedra mística, que ajuda na percepção visual. Traz equilíbrio e fortalecimento para a vida emocional e espiritual, promovendo jovialidade e coragem. Harmoniza as famílias, em conjunto com os amigos. Está ligada ao equilíbrio e à continuidade de um casamento feliz. É uma pedra amuleto dos marinheiros. Protege contra dores nervosas, fortalece o fígado e os rins. Estimula as células brancas do sangue.

ÁGATA
O seu uso defende contra a inveja e o olho-grande. Ilumina a mente, ajuda na eloquência verbal. Fortalece o coração. Proporciona um melhor equilíbrio físico e mental. É uma pedra com propriedades refrescantes, ajudando a baixar a febre, quando usada em momentos certos.

ÂMBAR
O âmbar é uma pedra que tem a condição de afastar doenças do corpo. É uma pedra que absorve a energia negativa, trans-

formando-a em força positiva. Auxilia no equilíbrio de pessoas com tendências suicidas ou autodestrutivas, trazendo calmaria e paz. Aplaca a ansiedade e proporciona mais disposição física. Estimula o intelecto, harmoniza os relacionamentos. Limpa o organismo. Fortalece o fígado e os rins.

Ametista
É a pedra da meditação. Equilibra e dá proteção às energias físicas do corpo. Muito usada nos momentos de reflexão, aumentando a intuitividade e o crescimento espiritual. Harmoniza e estabiliza o ambiente ou a pessoa que a carrega. Quando colocada junto ao corpo, auxilia em qualquer tipo de dor. Ajuda a tratar os desequilíbrios do sistema nervoso, as doenças do coração e da pele. Seu uso previne contra a insônia e proporciona um sono tranquilo, pois elimina o estresse. Traz ajuda para as modificações diárias.

A ametista não deve ser energizada ao Sol por mais de seis horas.

Cristais
São pedras de energia positiva que dão proteção a quem as usa (procure sempre carregar um com você), pois têm a condição de captar e repelir energias negativas. Proporcionam equilíbrio, afloram a sensibilidade e estimulam as habilidades psíquicas. Ajudam na meditação, na espiritualidade.

Jade
É uma pedra indicada para o coração, tanto no sentido físico como no espiritual e emocional. Auxilia nos problemas oculares. Traz grande proteção, ajuda e também dá equilíbrio para a pessoa libertar-se de pensamentos e de energias negativas. Dá a possibilidade de a pessoa enxergar seu potencial, sua realidade, trazendo-lhe confiança.

de bem com a vida

Quartzo rosa
É uma pedra que distribui uma energia tão positiva que consegue apaziguar as tristezas e os problemas emocionais, ajudando a pessoa a ajudar ao seu próximo, a distribuir amor e amizade. Tem o poder de acalmar, de trazer paz interior e de renovar a alegria de viver àqueles que já a perderam. Promove bem-estar para quem a usa e também para o ambiente onde se encontra. Traz entusiasmo e ajuda na criatividade. Descarrega tensões, o estresse do dia a dia, auxiliando no aparelho circulatótio e na parte cardíaca.

Quando for colocado para ser energizado, o quartzo rosa só deve ficar exposto ao Sol por, no máximo, seis horas. Dizem os estudiosos de pedras que, após este período, ele perde sua cor e suas propriedades.

Olho de tigre
É a pedra que auxilia na percepção, no entendimento. Protege contra as forças da negatividade e promove a vibração das energias positivas. Ajuda o aparelho circulatório e o aparelho respiratório, principalmente o coração. Promove e ajuda a autoconfiança do seu portador.

Ônix preto
Pedra do equilíbrio mental e corporal, e também controladora das paixões e das emoções. Traz positividade e equilibra o relacionamento homem-mulher. Ajuda no autocontrole, dá serenidade e sabedoria nas decisões e na resolução de problemas. Acalma angústias e preocupações, inspira uso da intuição. Desestressante. Fortalece a espinha dorsal.

Rubi
Ajuda a conservar em bom estado o corpo físico e a saúde mental. Seu uso traz paz e tranquilidade. Fortalece o coração

e auxilia na circulação sanguínea. Proporciona boa concentração e força mental, ajuda na obtenção de conhecimentos e na sabedoria espiritual.

TOPÁZIO

É a pedra da paixão, do amor. Proporciona alegria de viver, alivia o medo, ajuda no desenvolvimento espiritual e a enfrentar as dificuldades da vida com fé. Traz otimismo e proporciona criatividade. Reduz o cansaço intelectual e físico. Ajuda na desordem mental e a superar traumas. Alivia o medo, pacifica e acalma. Participa da regeneração física, desintoxica o corpo, fortalece tecidos e órgãos corporais. Seu uso ajuda na abundância, na prosperidade, na riqueza.

TURQUESA

É a pedra da mimetização, porque muda de cor quando o seu usuário fica doente ou se algo negativo vai lhe perturbar, necessitando ser constantemente limpa. Sua cor simboliza o céu e o mar, o sagrado e o físico. A turquesa deve ser usada como proteção para os viajantes. Ajuda na meditação, na espiritualidade, no crescimento pessoal. Inspira a criatividade, trazendo paz e equilíbrio emocional para o dia a dia. Tem um grande poder de cura e proporciona equilíbrio emocional. Auxilia na regeneração dos tecidos, nos problemas pulmonares e no sistema nervoso.

simpatias

Todo aquele que se utiliza da simpatia sabe que esta precisa da magia para a sua eficácia. É preciso ainda que as pessoas percebam e entendam que a simpatia é também ativada e ajudada pelo fator da perseverança e da vontade de quem a faz. Durante o ritual da simpatia, toda uma energia especial é concentrada, e esta pode ser usada tanto de forma positiva quanto negativa. A simpatia pode ser feita por qualquer pessoa, desde que esta siga rigorosamente os ensinamentos. É do conhecimento geral que o ser humano pode prejudicar qualquer pessoa, ou até a ele mesmo e a quem ama, com um simples pensamento negativo.

A magia, porém, tem como base da sua funcionalidade a realização e a concretização dos desejos das pessoas. E conta com a ajuda das forças da natureza (divindades, entidades, guias, elementais etc.), dos elementos que a natureza nos fornece (folhas, ervas, especiarias etc.) e com a ajuda da nossa força interior. Pense sempre positivamente, pense que vai conseguir o que deseja e, com certeza, conseguirá!

A maior magia que conhecemos é a própria natureza, e esta magia é sentida e comprovada quando percebemos na evolu-

de bem com a vida

ção de cada um dos elementos e habitantes que a compõem uma parcela mística da Criação e do Criador! Andando em paralelo com a simpatia e a magia, porém, é necessária a fé!

Simpatias para toda a família

1) Simpatia para trazer sorte para dentro de sua casa

INGREDIENTES

arroz branco cru
um recipiente branco
pétalas de duas rosas brancas e duas vermelhas
gotas de perfume de sua preferência
um pedaço de pano branco

COMO FAZER

Esta simpatia é boa para trazer dinheiro, equilíbrio, tranquilidade e para harmonizar a sua casa.

Coloque o arroz, as pétalas e o perfume no recipiente e misture bem. Jogue dentro de toda a sua casa, da porta para dentro. No dia seguinte varra a casa, ponha tudo no pedaço de pano branco e coloque num gramado bem limpinho ou numa praça bem movimentada, jogue na praia ou na cachoeira, ou deixe na porta de um banco. Muita sorte!

2) Simpatia para prosperidade, para atrair fartura

INGREDIENTES

arroz branco cru
pétalas de uma rosa branca (de preferência de jardim)
essência de baunilha
essência de sândalo
papel branco

COMO FAZER

Junte suavemente o arroz com as pétalas e acrescente algumas gotas das essências, misturando a seguir. Coloque alguns punhados nos cantos da sua casa, ou do seu comércio, fazendo seus pedidos. Deixe durante três dias. Retire, coloque em um pedaço de papel branco e jogue a seguir num rio limpo, numa cachoeira ou deixe em um gramado limpo, em local de grande movimento.

3) Simpatia para dar fortalecimento, ajudar a afastar doenças do caminho

INGREDIENTES

um espelho pequeno (medindo cerca de 15 x 15 cm)
um pedaço de pano preto
1,5 metro de fita preta
pétalas de uma rosa branca
uma colher de sopa de açúcar cristal

COMO FAZER

Segure o espelho e olhe-se bem nele, pedindo para sair a tristeza, fadiga, doenças etc. Enrole o espelho no pano, como se fosse um presente, e faça um laço com a fita. Coloque-o no chão e pise nele com o pé esquerdo (não esteja descalça, em hipótese alguma!) para parti-lo, quebrando assim as negatividades da sua vida. Leve imediatamente e despache-o numa lixeira, em local onde você não costume passar rotineiramente; saia sem olhar para trás. Ao chegar em casa, tome um banho feito com as pétalas da rosa branca e o açúcar cristal. Muita saúde e felicidade!

4) Simpatia para abrandar ambiente conturbado

INGREDIENTES

um pombo branco

COMO FAZER

Compre um pombo branco e deixe-o descansar durante algumas horas antes de usá-lo. Pegue-o pelas asas, com muito cuidado, e passe-o em todos os cômodos de sua casa e também nas pessoas. Depois, leve-o a um local alto e solte, pedindo que ele leve para o astral todas as brigas, guerras, desentendimentos, confusões etc. que existem em sua casa. Faça isso numa sexta-feira, em Lua Crescente ou Cheia. Paz e amor!

5) Simpatia para unir família que vive em discórdia, com brigas, em desarmonia

INGREDIENTES

uma bandeira branca de tamanho médio
meio quilo de açúcar cristal
um maço de manjericão

COMO FAZER

Numa sexta-feira de Lua Minguante, ande pela sua casa toda com a bandeira na mão, chamando pelas forças sagradas da natureza, pedindo trégua, paz, entendimento, amor e união para todos que ali residem. Saia e leve a bandeira a um local alto, por exemplo, uma serra, um monte, uma pedreira, e coloque a bandeira num galho de árvore, entre pedras, ou finque no chão, em local bem limpinho. Coloque ao redor dela o açúcar, continuando com seus pedidos. Ao retornar, lave bem o manjericão e macere bem as folhas em água. A seguir coe e, após todos os moradores da casa tomarem seu banho diário, dê um pouco do banho de erva para jogarem da cabeça aos pés. Paz e felicidade!

6) Simpatia para trazer harmonia e união entre pais e filhos

INGREDIENTES

uma dúzia de palmas brancas
sete ramos de trigo
sete moedas atuais, lavadas

COMO FAZER

Junte as palmas e os ramos de trigo num maço e bata com ele em todos os cantos de sua casa, principalmente no local onde as pessoas dormem, pedindo a união, a harmonia, o fortalecimento familiar, a compreensão etc. Passe também nas pessoas que residem na casa. Saia imediatamente e atire os elementos no mar. Passe as moedas no seu corpo e jogue-as no mar, sempre pedindo pela paz, pela felicidade, pelo amor e pelo entendimento entre os pais e os filhos.

7) Simpatia para tornar a(o) filha(o) mais amiga(o) dos pais, mais passiva(o) e mais dócil

INGREDIENTES

um prato raso branco
papel branco
um copo de arroz branco cru
pétalas de duas rosas brancas
duas colheres de sopa de gergelim
uma noz-moscada ralada
um metro de pano branco
três velas brancas

COMO FAZER

Escreva a lápis o nome da(o) filha(o) num papel e coloque no prato. Cubra com o arroz, as pétalas, o gergelim e, por último, a noz-moscada. Ande com o prato pela casa, pedindo que a paz e a harmonia entre pais e filhos sejam uma constante em sua casa etc. Enrole o prato no pano branco e coloque dentro de sua casa, em local alto e reservado. Acenda uma vela branca durante três dias, sempre na mesma hora, e ofereça às forças superiores da natureza. Deixe por trinta dias e leve as sobras para um jardim ou praça (não precisa despachar o prato). Se quiser, repita o presente algum tempo depois.

8) Simpatia para acalmar criança agitada, descontrolada

INGREDIENTES

um maço de poejo
10 folhas de saião
uma colher de sopa de essência de baunilha
um vidro de água de flor de laranjeira
uma garrafa pequena de água mineral sem gás

COMO FAZER

Separe os itens para fazer três banhos diários. Faça na Lua Nova ou Crescente.

Coloque todos os ingredientes numa bacia com um litro de água e macere as folhas até triturá-las bem. Deixe o banho descansar à sombra por duas horas. Acrescente a essência, a água de flor de laranjeira e a água mineral. Dê o banho normal na criança e depois jogue este, vagarosamente, da cabeça aos pés, e procure vesti-la com roupa clarinha. Faça este banho durante três dias seguidos. Junte as sobras e depois despache-as num jardim ou numa praça florida. Se necessário, repita o banho dentro de trinta dias.

de bem com a vida

9) Simpatia para acalmar crianças e jovens rebeldes

INGREDIENTES

uma tigela branca média
papel branco
uma lata de pêssego em calda
um metro de morim branco
sete cocadas brancas
pétalas de duas rosas brancas

COMO FAZER

Faça em dia de Lua Nova.

Escreva no papel o nome da criança ou jovem, a lápis, e coloque dentro da tigela. Ponha os pêssegos por cima, com um pouquinho da calda, acrescente as cocadas e cubra tudo com as pétalas das rosas brancas. Envolva a tigela com o pano branco e ande pela casa toda com ela. Use a sua fé e peça que este presente traga calmaria, paz, que harmonize a cabeça daquela criança teimosa, indisciplinada, rebelde. Deixe em local alto por 24 horas dentro de sua casa, e leve a seguir para um local ensombreado, onde a luz do Sol não penetre diretamente. Coloque embaixo de uma árvore bem bonita, sem espinhos, ou deixe próximo à beira da água, num rio limpo. Repita este presente, se quiser, uma vez por mês, durante três meses. Muita sorte!

10) Simpatia para ajudar no aprendizado da criança

INGREDIENTES

um prato branco raso
papel branco
duas colheres de sopa de gergelim
um copo de açúcar refinado
um cacho de uva verde

COMO FAZER

Num pedaço de papel branco escreva, a lápis, o nome da criança e ponha no prato. Cubra com o gergelim, com o açúcar e enfeite com o cacho de uva. Leve para a parte exterior da casa e mostre ao Sol, pedindo às forças da natureza que tragam claridade e força e que ajudem aquela criança a deslanchar no aprendizado. A seguir, coloque-o embaixo da cama da criança e deixe-o ali por 24 horas. No dia seguinte, leve-o para uma praça bem movimentada, que seja frequentada por estudantes e jovens. Procure uma árvore frondosa e sem espinhos e, se puder, coloque o presente numa forquilha de seus galhos. Se não conseguir, ponha num jardim ou gramado. Se puder, faça um novo presente trinta dias depois. Felicidades!

11) Simpatia para afastar uma pessoa perigosa (mau vizinho, amante, más companhias de seu filho/a)

INGREDIENTES

um pé de calçado velho (pego de uma lixeira)
papel branco
um pedaço de pano preto
uma vela branca
um maço de manjericão

COMO FAZER

Procure numa lixeira um pé de sapato velho (se for para afastar um homem) ou um pé de sandália (se for para afastar uma mulher). Escreva sete vezes o nome da pessoa, a lápis, num papel, e coloque-o dentro do sapato/sandália. Enrole no pano preto e despache num rio sujo, pedindo que as águas afastem a pessoa inconveniente dos seus caminhos. Acenda uma vela branca no local. Quando voltar para casa, tome um banho, da cabeça aos pés, com folhas de manjericão maceradas em água.

12) Simpatia para afastar uma pessoa indesejável da sua vida (inimigo, ex-amor, amante etc.)

INGREDIENTES

uma beterraba média
papel branco

sete alfinetes de cabeça (ou sete agulhas) virgens
um pedaço de pano preto
um maço de manjericão ou macaçá

COMO FAZER

Lave a beterraba e corte-a ao meio no sentido horizontal. Escreva, a lápis, o nome da pessoa sete vezes num papel branco. Coloque-o dentro da beterraba, feche-a e espete nela os alfinetes de cabeça ou as agulhas, para manter as partes unidas. Envolva no pano preto. Despache num rio bem sujo ou enterre num buraco bem fundo. Ao retornar, macere as folhas em água e tome um banho da cabeça aos pés.

13) Simpatia para afastar alguém dos seus caminhos

INGREDIENTES

uma cebola roxa grande
um pedaço de papel preto
azeite de dendê
pó de carvão
um pedaço de pano preto

COMO FAZER

Descasque levemente a cebola e corte-a horizontalmente. No papel preto escreva, a lápis, o nome da pessoa indesejável e coloque dentro da cebola. Feche-a e passe-a no azeite de dendê e em um pouco de pó de carvão. Enrole-a no pano preto e jogue-a num rio sujo ou enterre, fazendo seus pedidos. Se puder, logo depois tome um banho feito com manjericão, peregum ou macaçá.

14) Simpatia para afastar uma pessoa inconveniente da sua casa

INGREDIENTES

uma vassoura de piaçava

COMO FAZER

Utilize uma vassoura de piaçava velha. Escreva o nome da pessoa na madeira da vassoura, várias vezes, inclusive no meio da piaçava. Comece a varrer de dentro de sua casa para fora, até o portão. Quebre a vassoura com o pé esquerdo, fazendo seus pedidos. Jogue-a dentro da caçamba do caminhão do lixo e peça que leve-a para longe aquela pessoa inconveniente (diga o nome).

15) Simpatia para uma pessoa sair da sua vida

INGREDIENTES

uma panela pequena de barro
papel branco
uma colher de sal amargo
um vidro de óleo de rícino
um vidro pequeno de éter

COMO FAZER

Escreva sete vezes, a lápis, num papel branco, o nome da pessoa que você não quer mais e ponha dentro da panela. Por cima coloque o sal amargo e o rícino, e cubra com o éter. Deixe-a embaixo de uma árvore seca e entregue-a aos senhores das matas, pedindo que aquela pessoa inconveniente o esqueça, suma da sua vida e dos seus caminhos, deixe-o em paz etc.

16) Simpatia para cortar interferências negativas do seu relacionamento

INGREDIENTES

um abacate grande semimaduro
um prato branco
fumo de rolo desfiado
uma moeda atual
melado
fita verde
fita branca
duas velas: uma verde e uma branca

COMO FAZER

Abra o abacate no sentido horizontal, retire o caroço e ponha uma das parte no prato. (Ponha o caroço num jardim ou em uma mata.) Coloque dentro dele um pouco do fumo de rolo, a moeda lavada e complete com o melado. Cubra-o com a outra parte do abacate e feche-o com as fitas. Leve para uma mata ou floresta e coloque-o aos pés de uma árvore bem rija, bem antiga. Chame pelas divindades das matas, que têm o poder da cura e da magia, fazendo a elas os seus pedidos. Limpe bem o local e acenda as velas, com cuidado para não queimar a mata ou as raízes da árvore. Se quiser, acenda as velas no seu jardim, num prato, tendo um copo com água ao lado, e repita seus pedidos.

de bem com a vida

17) Simpatia para abrir os caminhos para emprego — I

INGREDIENTES

uma batata-doce grande
papel branco
um prego grande virgem
azeite de oliva

COMO FAZER

Pegue a batata-doce e dê uma pré-cozida; não deixe amolecer demais. Abra-a no sentido horizontal. Faça uma carta, a lápis, com seus pedidos principais e concretos, assine, dobre e coloque no meio da batata-doce. Ponha a outra banda da batata por cima e espete seu meio com o prego. Faça seus pedidos ao senhor do ferro e da agricultura e leve para um local alto, limpo e resguardado, colocando em frente a uma árvore frondosa. Regue com o azeite e peça para sua vida brilhar, resplandecer, que seus caminhos se abram e surja um emprego etc.

18) Simpatia para abrir os caminhos para emprego — II

INGREDIENTES

dois copos de feijão-fradinho
sal
uma colher de sopa de açúcar mascavo
16 folhas de louro (bem verdes)
um punhado de folhas de alecrim
uma colher de sopa de sândalo em pó
perfume da sua preferência

COMO FAZER

Cate e lave o feijão-fradinho. Ponha em uma panela com uma pitada de sal e torre-o levemente, sem deixar queimar. Esfrie e acrescente o açúcar mascavo, as folhas de louro picadas, as folhas de alecrim e o sândalo em pó. Misture tudo. Procure uma árvore bem bonita, sem espinhos, e passe os elementos no seu corpo, de baixo para cima, fazendo seus pedidos aos senhores da fartura, da agricultura. Deixe cair na terra, no local onde você se encontra. Ao chegar em casa, tome um banho de limpeza e, a seguir, misture algumas gotas de seu perfume favorito com um pouco de água e jogue do pescoço para baixo. Muita sorte!

19) Simpatia para resolver causas difíceis

INGREDIENTES

uma couve-flor média
duas colheres de sopa de açúcar cristal
um vasilhame médio
papel branco
mel

COMO FAZER

Esta simpatia deve ser feita para quem precisa resolver problemas jurídicos difíceis, liberar papéis emperrados na justiça, inventários dificultosos etc.

Dê uma pré-cozida na couve-flor, com água e o açúcar cristal, sem deixar desmanchar. Retire com cuidado, deixe esfriar um pouco e ponha na vasilha. Escreva várias vezes, a lápis e num papel branco, o nome da(s) pessoa(s) que vai(vão) ajudar você a resolver seus problemas. Coloque entre os buquês com delicadeza, fazendo seus pedidos ao senhores da justiça e do tempo. Regue com bastante mel. Deixe por três dias em um local alto dentro de sua casa. Se não puder colocar em casa, leve para um lugar bem arborizado e tranquilo, ou deixe próximo à beira de um rio limpo. Procure estar vestida com uma roupa clara para fazer esta simpatia.

20) Simpatia para ativar o seu intelecto

INGREDIENTES

um porta-joias fundo
uma foto sua
essência de baunilha
uma coruja (de cerâmica, porcelana etc.)
sete pedaços de cristal branco
um pedaço de ametista
um pedaço de topázio
um pedaço de quartzo rosa
uma pedra de jade
um rubi
uma pedra olho-de-tigre
água mineral
sal grosso
água filtrada

COMO FAZER

Fazer na Lua Crescente, Nova ou Cheia.

Limpe todas as pedras com um pouco de água mineral e sal grosso. A seguir, ponha as pedras de molho somente na água mineral e deixe no sereno, retirando às 12:00 horas do dia seguinte. Misture um pouco de essência de baunilha com água filtrada e passe em todas as pedras e também na coruja. Coloque sua foto no porta-joias, na posição vertical. Ponha a seguir a coruja no centro do porta-joias, com as pedras em volta. Guarde em seu quarto, onde haja boa claridade. De três em três meses repita o procedimento.

21) Simpatia para ajudar na compra de uma casa

INGREDIENTES

uma telha colonial (telha-canal)
uma chave já usada e bem velha
um pedaço de pano estampado
pétalas de rosas brancas, amarelas e vermelhas

COMO FAZER

Faça no terceiro dia da Lua Cheia ou Nova.

Ao tomar seu banho diário, após se ensaboar, apare um pouco da água do enxágue e lave a telha com esta água. Pegue a chave na mão direita e leve-a ao coração, fazendo seus pedidos às forças do universo e ao senhor da chave. Coloque a chave na telha e enrole-a no pano estampado. Procure colocar esta simpatia onde haja bastante pés de eucalipto. Enfeite por cima e em volta com as pétalas de rosas. Boa compra e boa sorte!

22) Simpatia para melhorar sua vida, trazer sorte e êxito para seu comércio ou sua residência

INGREDIENTES

uma tigela com tampa
sementes de girassol
milho vermelho
grão-de-bico
lentilha
folhas de louro
essência de cravo
essência de canela
sete pedaços de ímã
um ímã em formato de ferradura
uma pedra de cevar ("cevá" ou "sevá"), uma turmalina ou uma turquesa

COMO FAZER

Coloque na tigela os elementos na ordem acima. Ande por todo o estabelecimento com a tigela na mão, pela manhã, num dia de Lua Cheia ou Crescente, e depois mostre ao Sol, pedindo sorte, prosperidade etc. Deixe guardado em local alto e bem protegido, tampado. Quando os elementos já estiverem deteriorados, troque-os, mantendo os ímãs e as pedras. Boa sorte!

SIMPATIAS PARA O AMOR

1) Simpatia para o seu amor ficar cada vez mais atraído por você

INGREDIENTES

quatro rosas vermelhas
papel branco
um prato raso branco
três colheres de sopa de açúcar cristal
perfume preferido ou essência de opium

COMO FAZER

Esta simpatia produz mais efeito quando realizada no primeiro dia da Lua Crescente.

Escreva em quatro pedaços pequenos de papel branco, a lápis, o nome do seu amor e, por cima dele, o seu. Ponha cuidadosamente os papéis dentro das rosas e coloque-as no prato. Polvilhe com o açúcar cristal e regue com um perfume de sua preferência. Levante o prato, mostre-o ao Sol e faça seus pedidos, mentalizando para que a força e o calor deste astro atraiam cada vez mais o seu amor para você. Bons momentos!

2) Simpatia para ativar o interesse sexual do seu amor, para torná-lo mais ardente

INGREDIENTES

um prato fundo branco ou transparente
papel branco
um copo de açúcar cristal
cinco rosas vermelhas
essência de rosas
cinco velas vermelhas

COMO FAZER

Faça esta simpatia pela manhã, bem cedo, no terceiro dia da Lua Nova ou Crescente, quando a força deste astro é mais possante.

Escreva num papel, cinco vezes, com lápis, o nome completo do seu amor e coloque-o dentro do prato. Ponha por cima o açúcar cristal e as rosas vermelhas, sem o cabo. Acrescente a essência de rosas e, se puder, ande com o presente mostrando-o ao Sol, fazendo seus pedidos a todas as forças da natureza que regem o amor. Deixe dentro de sua casa por cinco dias, em local alto e bem claro, de preferência onde os raios do Sol penetrem, até que as rosas murchem. Em cada dia acenda uma vela vermelha. Leve a seguir e despeje num gramado ou numa praça bem florida (não precisa deixar o prato).

3) Simpatia para conquistar alguém desejado ou um novo amor

INGREDIENTES

um mamão verde de tamanho médio
uma folha de papel verde
um prato de papelão aluminizado
açúcar cristal
pétalas de uma rosa branca
um metro de fita verde

COMO FAZER

Deve ser feita em Lua Crescente ou Nova.
 Abra o mamão no sentido horizontal e retire as sementes. Escreva uma carta no papel verde com seu desejo, assine, dobre e ponha dentro do mamão. Coloque-o no prato, cubra com o açúcar cristal e enfeite com as pétalas das rosas. Junte o outro pedaço do mamão e amarre com a fita verde, fazendo seus pedidos, mentalizando só coisas boas. Deixe passar uma noite ao lado de sua cama e, no dia seguinte, coloque embaixo de uma palmeira ou de uma árvore frondosa, entregando e pedindo ajuda às divindades das matas. Sorte em suas conquistas!

4) Simpatia para prender, amarrar seu homem

INGREDIENTES

um pote pequeno de porcelana bem bonito
uma foto sua e uma da pessoa amada
uma rosa branca

de bem com a vida

uma rosa amarela
uma rosa vermelha
água de melissa
essência de verbena
essência de pêssego
um cordão ou um anel (pode ser uma bijuteria de boa qualidade)
um prato de louça
três velas: uma branca, uma vermelha e uma amarela

COMO FAZER

Fazer durante a Lua Cheia, Quarto Crescente.

Ponha dentro do pote uma foto sua e uma do seu amor, uma de frente para a outra. Corte num pedaço de papel um desenho com formato de trevo de três folhas e ponha dentro do pote. Em uma folha do desenho coloque pétalas da rosa branca e por cima um pouco da água de melissa; na outra, pétalas vermelhas e a essência de verbena; na terceira, pétalas amarelas e a essência de pêssego. Ponha a joia por cima. Tampe o pote com o prato e acenda nele uma vela branca, uma vermelha e uma amarela, pedindo que as deusas do amor prendam aquele amor, que o tornem bem apaixonado etc. Deixe o pote durante cinco dias no seu quarto, em local limpo e bem perfumado. Após este tempo, retire a joia e passe a usá-la toda vez que for encontrar seu amor. Ponha o restante da simpatia numa praça, perto de um local bem florido. Guarde o pote e, se precisar, dentro de três meses repita a simpatia. Felicidades!

5) Simpatia para seu amor ficar em perfeita sintonia com você

INGREDIENTES

um mamão médio semiverde
uma foto da pessoa amada ou um papel em branco
uma tigela média
mel
essência de jasmim
cinco metros de fita amarela

COMO FAZER

Procure fazer esta simpatia durante a Lua Crescente ou Nova.

Coloque o mamão em pé dentro da tigela e faça uma tampa na parte superior. Retire as sementes e coloque a foto (se puder), ou o nome do seu amor, escrito a lápis, num papel. Encha com mel de boa qualidade e cinco gotas da essência de jasmim. Recoloque a tampa e feche com a fita amarela, amarrando e dando laços, fazendo seus pedidos às deusas do amor. Deixe em sua casa durante dois dias e depois leve para uma mata. Coloque em um local bem arborizado, no meio das folhagens, e entregue às forças da natureza, chamando sempre pelo nome da pessoa. Não é preciso deixar a tigela.

6) Simpatia para atiçar o ardor, esquentar o relacionamento amoroso

INGREDIENTES

um prato, uma *bonbonnière* ou um porta-joias médio
papel branco ou uma foto da pessoa amada

de bem com a vida

morangos lavados
essência de patchuli
essência de jasmim
essência de girassol
essência de baunilha
mel
açúcar cristal

COMO FAZER

Faça em dia de Lua Cheia, Crescente ou Nova.

Escreva num papel, a lápis, o nome da pessoa, ou arranje uma foto, e coloque no recipiente. Arrume os morangos por cima e acrescente as essências. Cubra com açúcar cristal e o mel, pedindo às forças do amor que acendam, ativem o seu relacionamento. Deixe guardado. Quando estiver deteriorando, abra um buraco no seu jardim ou em uma mata e enterre. Guarde a *bonbonnière* e, se quiser, repita de três em três meses.

7) Simpatia para seu amor ser mais liberal com o dinheiro

INGREDIENTES

uma abóbora-moranga
areia de rio limpo, de cachoeira ou de mar (colhida em Lua
    Crescente ou Cheia)
papel branco
uma foto da pessoa amada
uma mão de cera aberta
açúcar cristal

COMO FAZER

Compre a abóbora no primeiro dia da Lua Crescente e deixe-a durante três dias dentro de sua casa. Abra uma tampa na abóbora, na parte de cima, e tire as sementes. Escreva o nome do ser amado num papel branco e coloque na moranga. A seguir ponha a areia e cubra com o açúcar. Na mão de cera escreva, a lápis, várias vezes, o nome da pessoa. Leve esta mão até o coração e faça seus pedidos. Ponha a mão sobre o açúcar, na abóbora, com a foto por cima. Tampe a abóbora. Deixe em local alto e bem resguardado. Após três dias, retire a foto e guarde bem camuflada na carteira. Leve o restante para uma mata fechada e ponha embaixo de uma árvore bem bonita e sem espinhos. Sucesso!

8) Simpatia para atração, para chamar atenção aonde chegar

INGREDIENTES

areia do mar
um maço de sempre-vivas
um topázio ou outra pedra de cor amarela pequena
um copo de açúcar mascavo
ramos de trigo
uma jarra

COMO FAZER

Antes de fazer a simpatia energize a pedra, conforme explicado no capítulo sobre Pedras.

Num dia de Lua Cheia ou Quarto Crescente, recolha um pouco de areia do mar, no momento da maré cheia. Ponha numa jarra e espete na areia as flores sempre-vivas (assim elas duram mais), pedindo que as forças da natureza lhe mantenham sempre em evidência, que seja sempre notada etc. No meio das flores coloque o topázio ou a pedra amarela. Deixe no seu quarto durante 30 dias e depois divida as flores em duas partes: cozinhe uma parte com um pouco do açúcar mascavo e tome um banho, do pescoço para baixo. Faça um defumador da outra parte com o restante do açúcar mascavo, e passe da porta para dentro. Deixe a pedra em cima da areia e coloque ali alguns ramos de trigo. Retire-a após sete dias e faça uma joia com ela, pendurando-a num cordão, ou coloque-a em sua bolsa. Quando sair para eventos ou para passeios, vista-se charmosamente e leve a pedra junto. Sucesso!

9) Simpatia para revigorar, levantar a autoestima de pessoa tímida

INGREDIENTES

um prato de papelão aluminizado
um copo de arroz branco cru
flores sempre-vivas (use só as flores)
essência de gerânio
um pedaço pequeno de cristal de quartzo rosa
glicerina
água mineral sem gás
uma peça de roupa da pessoa

COMO FAZER

Esta simpatia é para ser feita no terceiro dia da Lua Nova ou Crescente. Energize, primeiramente, o cristal, colocando-o de molho em água mineral por 24 horas.

Coloque dentro do prato uma peça de roupa da pessoa, que pode estar suada, porém limpa, sem manchas. Por cima ponha os grãos de arroz, cubra com as flores, pingue algumas gotas da essência de gerânio e coloque no centro o cristal. Regue com a glicerina e ponha ao lado da cama, para dormir próximo à pessoa. No dia seguinte leve para um local alto e peça ajuda às forças do astral e à grande mãe natureza, fazendo seus pedidos. Retire o quartzo e entregue para a pessoa, para que o guarde em sua carteira ou faça uma pequena joia para usar.

10) Simpatia para ajudar a esquecer um amor não correspondido

INGREDIENTES

uma cabeça de cera (se for para esquecer homem, cabeça masculina)
uma foto da pessoa ou papel branco
um prato branco
água de flor de laranjeira
um copo de grãos de ervilha verde crus
um copo de milho branco (canjica) cru
um metro de morim branco
um retrós de linha branca

COMO FAZER

Faça esta simpatia no terceiro dia da Lua Minguante.

Lave cuidadosamente a cabeça com a água de flor de laranjeira, fazendo seus pedidos. Coloque dentro dela uma foto da pessoa ou o nome escrito, a lápis, num papel branco;

de bem com a vida

por cima os grãos de ervilha e a canjica. Ponha cuidadosamente a cabeça no prato e envolva-a com o pano branco, como um turbante. A seguir, amarre o pano com todo o retrós de linha branca, fixando-o bem. Deixe o prato no chão, próximo à sua cama. No dia seguinte jogue a cabeça num rio, pedindo às forças da natureza para tirarem aquela pessoa dos seus pensamentos, do seu coração, para levarem aquela pessoa dos seus caminhos etc. Se sua cidade não tiver um rio, enterre num buraco, perto de uma árvore bem murcha.

11) Simpatia para estabilizar o relacionamento, para cortar a discórdia entre o casal

INGREDIENTES

nove cebolas brancas médias
papel branco
fita branca, bem fina
uma tigela branca grande
um prato branco
essência de baunilha
essência de patchuli
açúcar cristal
44 velas azuis pequenas

COMO FAZER

É bom fazer esta simpatia no terceiro dia da Lua Nova.

Descasque as cebolas com cuidado, para não machucá-las, e corte-as verticalmente, sem separar as metadess. Escreva o nome da pessoa amada em nove pedaços de papel branco, a lápis, e coloque cada um dentro de uma cebola. Se você for fazer esta simpatia para outra pessoa, escreva o nome do homem em um papel e o da mulher em outro, e ponha na cebola um de frente para o outro.

Amarre cada cebola com um pedaço de fita, fazendo seus pedidos às forças superiores da natureza, dê um laço e ponha na tigela. Por cima vá derramando as essências, mentalizando coisas boas, e cubra com o açúcar cristal, de forma que os laços fiquem à vista. Ponha um prato em cima da tigela e acenda ali duas velas azuis, bem juntinhas. Deixe dentro de sua casa por 21 dias, acendendo diariamente duas velas. Posteriormente, leve para um local limpo, arborizado, e enterre, sem a tigela.

12) Simpatia para acorrentar o coração do seu amor

INGREDIENTES

nove batatas-inglesas de casca bem clara
um prato grande branco
dois porta-joias pequenos em formato de coração
uma foto sua e uma foto do seu amor
papel branco
purpurina (ou *glitter*) dourada e prateada
mel
azeite de oliva
essência de patchuli
10 velas amarelas

COMO FAZER

Descasque as batatas, cozinhe e depois amasse-as com um pouco de mel, de azeite e de essência de patchuli. Ponha dentro de um porta-joias o seu retrato e, no outro, o retrato do seu amor. Acrescente um pouco do purê de batata em cada porta-joias. No primeiro porta-joias coloque em cima do purê um pedaço de papel com o seu nome escrito a lápis; no outro, ponha o nome do seu amor. Nova camada de purê por cima. Mentalize união, atração, aconchego e peça ajuda às forças da natureza e do amor. Coloque os dois porta-joias dentro do prato; em volta acrescente o resto da batata amassada, modelada em formato de coração, se tornando então dois corações dentro de um. Cubra com mel, azeite, o restante da essência e enfeite com o *glitter* dourado e prateado. Deixe em um local alto dentro de sua casa por cinco dias, acendendo diariamente duas velas amarelas, na frente do presente. Depois deste prazo pode levar para uma mata ou coloque à beira de um rio, guardando o prato e os porta-joias com você, para repetir o presente, se necessário.

13) Simpatia para amarração

INGREDIENTES

cinco batatas-doces (se for para amarrar mulher, use batata arredondada; para homem, de formato comprido)
papel branco
uma tigela
um prato branco
essência de baunilha
essência de verbena
azeite de oliva

mel
10 velas azuis
fita azul de cetim

COMO FAZER

O ideal é fazer no terceiro dia da Lua Crescente ou Cheia.

    Lave as batatas e dê uma pré-cozida, sem descascar. Deixe esfriar um pouco e abra ao meio, horizontalmente, sem separar as metades. Escreva o nome do seu amor em cinco pedaços de papel, a lápis, e coloque cada um dentro de uma batata. Amarre cada uma com um pedaço da fita, dando cinco nós, e finalize com um laço. A cada nó faça seus pedidos às forças do amor. Ponha as batatas na tigela e cubra com azeite e mel. Tampe com o prato e acenda ali duas velas, diariamente, durante cinco dias, sempre no mesmo horário. Passado este período, enterre o presente em um local bem sombreado ou perto de uma cachoeira.

14) Simpatia para seu amor lhe dar mais atenção, ficar mais dócil, maleável

INGREDIENTES

um prato grande e dourado (pode ser de papelão)
papel branco
cinco rosas amarelas inteiras
pétalas de rosa amarela
açúcar refinado
16 bananas-ouro
essência de baunilha
essência de ópio
perfume da sua preferência

de bem com a vida

COMO FAZER

Esta simpatia deve ser feita na transição da Lua Nova para o Quarto Crescente.

Escreva num papel 16 vezes o nome do seu amor e coloque no prato, cobrindo com uma camada de pétalas de rosa amarela e um pouco de açúcar. Faça uma calda de caramelo bem clara, com o açúcar e um pouco de água. Descasque as bananas e passe-as na calda, arrumando-as no prato, por cima do açúcar. Regue com as essências de baunilha e de ópio, e enfeite com as cinco rosas amarelas, sem os talos. Borrife um pouco do seu perfume favorito. Ande com o presente pela casa, mostre à Lua, peça ajuda e faça seus pedidos às forças cósmicas. Deixe em lugar bem alto dentro de sua casa e, após cinco dias, leve para um local gramado, ou para um campo bem limpo.

15) Para ativar o interesse sexual

INGREDIENTES

um rubi
um ímã
um saquinho pequeno, feito com um pano vermelho
sal grosso
água mineral sem gás
papel branco
uma foto da pessoa amada

COMO FAZER

Primeiramente limpe o rubi, lavando-o em água com um pouco de sal grosso. Em seguida, energize-o: deixe de molho, de um dia para o outro, em uma vasilha com água mineral sem gás, no sereno, onde possa pegar a energia da Lua e também a energia do Sol. Escreva o nome da pessoa amada, a lápis, num papel e ponha no saquinho, junto com uma foto, e coloque o rubi e o ímã. Costure e use-o diariamente, como se fosse um amuleto, ou guarde junto com suas roupas íntimas.

16) Para cativar, seduzir, enlouquecer ainda mais o seu homem (ou mulher)

INGREDIENTES

um prato laminado dourado
uma beterraba média, crua, ralada
mel
gotas de essência de patchuli
gotas de essência de lótus
uma foto do seu amor
duas velas vermelhas

COMO FAZER

Coloque a beterraba no centro do prato, dando um formato de morrinho; finque a foto, regue com o mel e com as essências. Deixe algumas horas dentro de sua casa, se puder, e acenda bem juntinhas duas velas vermelhas, mentalizando o seu amado. Após, leve para um local bem bonito e ponha embaixo de uma árvore florida, oferecendo aos "senhores das matas", fazendo seus pedidos a estas forças da natureza, que conhecem tão bem a magia do amor!

17) Para separar seu(sua) marido/esposa do(a) amante

INGREDIENTES

nove bananas-d'água bem maduras
papel branco
um prato branco grande
óleo de rícino
nove tipos de pimenta
nove agulhas ou nove alfinetes de cabeça

COMO FAZER

Escreva o nome da(o) amante, a lápis, num papel e no outro, o nome do seu amor. Coloque os dois nomes de costas um para o outro e coloque no prato. Descasque as bananas e ponha por cima, enfiando em cada banana as agulhas ou alfinetes, pedindo o afastamento das pessoas. Cubra tudo com bastante pimenta e com o óleo de rícino. Deixe em sua casa por três dias e depois deixe em um campo aberto ou num gramado limpo.

18) Simpatia para afastar a solidão; fazer seu amor voltar

INGREDIENTES

uma compoteira de vidro ou cristal com tampa
papel branco
uma lata de pêssego em calda
um pedaço de ímã
essência de morango
essência de pêssego

uma pedra semipreciosa vermelha
perfume de sua preferência
água mineral sem gás

COMO FAZER

Faça esta simpatia pela manhã, em dia de Lua Nova, sábado, entre cinco e sete horas da manhã, em jejum, sem falar com ninguém.

Lave a compoteira com água misturada a um perfume de sua preferência. Seque-a. Escreva uma carta, a lápis, com seu pedido, assine e coloque na compoteira. Despeje ali o pêssego e a calda, acrescente o ímã e um pouco das essências. Por cima, ponha a pedra e vá mentalizando tudo que deseja. Ande com a compoteira pela casa, leve até ao portão, mostre aos quatro cantos e depois ao Sol, pedindo às forças da natureza poder, equilíbrio etc. Tampe a compoteira e deixe-a no centro da mesa, na sala, ou em seu quarto, por três dias. A seguir, leve e despeje o pêssego com a calda num gramado limpinho, retornando com a compoteira, o ímã e a pedra. Mantenha esta compoteira sempre com o ímã, a água mineral sem gás e a pedra. Se necessário, repita de três em três meses. Felicidade!

19) Taça do amor (para seu amor ficar mais dócil, mais amoroso e mais atencioso)

INGREDIENTES

uma taça de cristal azulada
uma toalha de mesa
papel branco
açúcar cristal

água mineral sem gás
três rosas: uma branca, uma vermelha e uma amarela
um maço de sempre-vivas

COMO FAZER

Forre uma mesa com uma bela toalha, em um local de bom astral e bem arejado, em sua casa. Coloque a taça na mesa; dentro ponha um papel com o nome da pessoa escrito a lápis. Acrescente duas colheres de açúcar cristal em cima do nome e encha com água mineral sem gás. Mentalize a pessoa e vá pedindo ajuda às forças positivas do amor. Beba um gole e coloque dentro da taça uma rosa branca, uma rosa vermelha, uma rosa amarela e flores sempre-vivas (todas sem o talo). Deixe até secar, retire o nome e ponha dentro de sua carteira. Cozinhe as pétalas com dois litros de água e faça um banho. Após esfriar, jogue do pescoço para baixo e leve as sobras para um jardim. Guarde a taça e, se preciso, repita quando quiser. Procure cultivar o seu relacionamento, tratando o seu amor com meiguice e carinho, pois só assim você terá reciprocidade.

20) Simpatia da fogueira (para queimar as negatividades)

INGREDIENTES

gravetos
uma peça de roupa sua
açúcar cristal
essência de verbena
essência de patchuli
essência de sândalo

COMO FAZER

Com alguns pedaços de gravetos faça uma pequena fogueira, se você tiver quintal. Arranje uma peça de roupa já usada, passe em todo o seu corpo e coloque na fogueira, pedindo que o fogo queime as dificuldades, a tristeza, a inveja etc. Quando só sobrarem as brasas, coloque por cima um pouco de açúcar cristal, essência de verbena, essência de patchuli, essência de sândalo e deixe a fumaça cheirosa se espalhar e trazer bons fluidos.

Banhos

Os banhos energéticos são uma forma de magia muito especial, uma vez que ajudam na limpeza corporal e espiritual. Eles servem para proteger ou descarregar as energias negativas que tanto produzem desarmonia no dia a dia das pessoas. Em outros momentos, podem ser usados para atrair bons fluidos e também ajudam na abertura dos caminhos amorosos, financeiros, na parte da saúde. Enfim, os banhos só trazem benefícios.

O preparo de um banho energético se transforma num ritual, pois é um momento mágico, particularizado. Requer limpeza, silêncio, concentração, fé e pensamentos bondosos e positivos. É necessário que a pessoa mantenha a mente livre de pensamentos negativos que possam desestruturar seus objetivos. Pense positivo e em coisas boas, em bons momentos de amor!

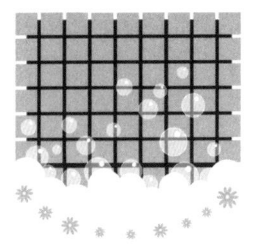

BANHOS DE DESCARREGO

ATENÇÃO:
Os banhos para limpeza e para descarrego das energias negativas devem ser feitos em dias de Lua Minguante, sempre lavando muito bem as ervas. Após o banho, a pessoa deve enxugar-se o menos possível, para que a força e a vibração das ervas, das flores e dos demais elementos do banho penetrem na pele e produzam o efeito desejado. Os banhos energéticos devem ser tomados frios ou em uma temperatura bem amena para que seu corpo aceite-os bem.

1) Banho para tirar os embaraços, as dificuldades e as amarrações da sua vida

INGREDIENTES

três folhas de espada-de-são-jorge cortadas em sete pedaços
três folhas de abre-caminho
21 nós de cana-de-açúcar
essência de arruda

COMO FAZER

Divida os elementos para fazer este banho durante três dias.

Coloque as ervas em uma panela com dois litros de água e leve ao fogo. Quando começar a ferver, conte cinco minutos e desligue. Deixe esfriar e coloque a essência de arruda. Tome seu banho normal, com um sabão neutro, e logo depois despeje este banho do pescoço para baixo. De preferência vista uma roupa clara. Coloque as sobras do banho à margem de uma estrada ou num gramado bem limpinho.

2) Banho para cortar o olho-grande

INGREDIENTES

sete folhas de peregum
sete galhinhos de arruda macho
uma folha de espada-de-são-jorge cortada em três pedaços
uma noz-moscada ralada

COMO FAZER

Junte todos os ingredientes numa panela com água e leve ao fogo para ferver por cinco minutos. Ponha para esfriar. Após tomar seu banho diário, jogue este banho do pescoço para baixo. Os elementos do banho devem ser despachados num rio, num matinho limpo ou colocados embaixo de uma árvore. Se quiser, repita uma vez por mês.

3) Banho para lhe proteger da inveja e do mau-olhado

INGREDIENTES

21 folhas de alumã (também chamado de boldo-paulista, boldo-japonês)
21 caroços de milho vermelho
uma colher de sopa de camomila
uma noz-moscada ralada

COMO FAZER

Cozinhe todos os ingredientes numa panela com uns dois litros de água e deixe ferver por cinco minutos. Esfrie. Tome seu banho diário, usando de preferência um sabão neutro, e depois jogue este banho da cabeça aos pés. Coloque os ingredientes no mar, na hora da maré vazante, num matinho limpo ou no meio de plantas de uma praça. Repita uma vez por mês, é muito bom.

4) Banho para cortar feitiços e atrapalhos da sua vida

INGREDIENTES

16 folhas de guiné-pipiu
oito galhinhos de arruda fêmea
16 folhas de dama-da-noite
uma noz-moscada ralada
um obi ralado

COMO FAZER

Ponha todos os ingredientes numa panela com água e ferva por cinco minutos. Após tomar seu banho diário, jogue este banho, frio, do pescoço para baixo. Jogue as sobras num rio limpo ou deixe embaixo de uma árvore. Faça uma vez por mês. Boa sorte!

5) Banho para afastar as guerras e brigas dos seus caminhos, da sua casa e da vida dos seus familiares

INGREDIENTES

uma folha de seta-de-são-jorge (chamada também de lança-de-são-jorge)
sete folhas de cana-do-brejo
sete folhas de vence-demanda (vence-tudo)
sete galhos de desata-nó
uma colher de chá de canela em pó (ou sete pedaços de canela em pau)

COMO FAZER

Este banho poderá ser feito para todas as pessoas da sua casa, se você achar que o "ambiente" está meio guerreado. Deve ser tomado durante três dias seguidos.

Cozinhe todos os elementos, numa panela com três litros de água, por cinco minutos. Deixe esfriar. Após tomar o banho diário, jogue este banho do pescoço para baixo. Leve as sobras para um gramado grande ou para uma praça e deixe embaixo de uma árvore. Força e vitória!

6) Banho para ajudar a afastar tristeza, melancolia e depressão

INGREDIENTES

um maço de macaçá (catinga-de-mulata)
um maço de patchuli
pétalas de três rosas brancas grandes (de preferência de um jardim)
um maço de manjericão
uma noz-moscada ralada
essência de alecrim
uma vela branca pequena

COMO FAZER

Este banho deve ser tomado durante três dias seguidos. Divida as ervas para que você possa prepará-lo bem fresquinho todos os dias.

Numa bacia com água, macere primeiramente todas as folhas, juntando a seguir a noz-moscada e a essência. Deixe descansar por mais ou menos uma hora. Coe e, após tomar o seu banho normal, jogue este da cabeça aos pés. Despache as sobras numa praça bem movimentada, perto de uma árvore bem bonita. Vista-se com roupas claras, confortáveis, e procure fazer algo que lhe dê prazer e lhe agrade. Acenda uma vela branca pequena e ofereça ao orixá de sua preferência ou ao seu anjo da guarda. Boa sorte e felicidade!

7) Banho para limpar os pensamentos negativos e as forças maléficas que lhe rodeiam

INGREDIENTES

desata-nó
vence-tudo (vence-demanda)
alecrim
pétalas de uma rosa vermelha (uma para cada banho)
sete caroços de milho vermelho (sete para cada banho)
uma noz-moscada ralada (divida para os sete banhos)
uma colher de chá de gergelim (uma para cada banho)
um pacote de saco-saco (divida para os sete banhos)
essência de noz-moscada
sete velas brancas pequenas

COMO FAZER

Este banho é indicado para aquelas pessoas que veem negatividade em tudo que fazem e que se sentem incapazes e sem sorte. O ideal é tomá-lo durante sete dias, por isso não fornecemos quantidades.

Coloque todas as ervas numa panela com água e leve para o fogo, deixando ferver por cinco minutos. Após esfriar, acrescente algumas gotas da essência. Tome seu banho diário com um sabão neutro e despeje este do pescoço para baixo, vagarosamente, mentalizando somente coisas boas. Vista-se com roupas claras todos os sete dias e acenda uma vela branca pequena logo após o banho para clarear seus pensamentos. Junte todos os elementos utilizados e jogue no mar, em hora de maré vazante, num rio de água corrente ou num matinho limpinho. Força e boa sorte!

de bem com a vida

8) Banho para ajudar a cortar guerras e confusões no dia a dia

INGREDIENTES

um maço de macaçá
um maço de alfavaquinha
8 folhas de cana-do-brejo
16 gotas de essência de baunilha
uma colher de chá de gergelim
uma colher de sopa de açúcar mascavo
uma noz-moscada ralada

COMO FAZER

Existem pessoas que não conseguem viver em paz quando sozinhas ou nos locais onde chegam, e produzem discórdias e conflitos, muitas vezes sem querer. São pessoas que possuem "cabeça de confusão". Este banho irá ajudá-las a viver mais harmonizadas com elas mesmas e com seu meio social.

Macere as folhas muito bem, em água, e acrescente os demais elementos. Deixe o banho repousar por umas duas horas, em local resguardado e fresco. Coe. Após tomar o seu banho diário, jogue este banho da cabeça aos pés, lentamente, calmamente. Faça um banho deste uma vez por semana, durante um mês, de preferência numa quinta-feira. Coloque os elementos do banho num rio, numa cachoeira, nas ondas do mar ou deixe embaixo de uma árvore, preferencialmente numa praça. Tudo de bom para você!

9) Banho para limpar a entrada da sua casa, neutralizar as forças negativas e as demandas dos inimigos

INGREDIENTES

essência da flor dama-da-noite
uma colher de chá de essência de baunilha
um vidro de água de flor de laranjeira
dois litros de água de cachoeira (ou água de um rio limpo, água de poço ou água mineral sem gás)

COMO FAZER

Esta limpeza deve ser feita preferencialmente em Lua Nova, Crescente ou Cheia.

Misture todos os ingredientes num vasilhame e deixe em infusão de um dia para o outro. À noite, levante o vasilhame e mostre o banho para o astral, para a Lua e peça força; ao raiar do dia, faça o mesmo e peça ao Sol que lhe traga claridade e que seu calor neutralize as negatividades do seu lar. Se você morar em casa, comece borrifando com as mãos na frente do seu muro, no seu portão, no lado direito e no lado esquerdo e também no seu quintal, em volta de toda a casa. Passe um pano úmido dentro de toda a sua casa. Se morar em apartamento, passe o pano na entrada da porta e também dentro de casa. Despache a água que sobrar na rua. Faça duas vezes por mês e você conseguirá manter um equilíbrio melhor dentro do seu lar. Felicidades!

10) Banho de limpeza especial para pessoas desanimadas, depressivas, vulneráveis e sem perspectivas

INGREDIENTES

um ramo de sempre-vivas
21 ramos de trigo
mel
duas rosas brancas, bem bonitas e viçosas
10 gotas de essência de baunilha

COMO FAZER

As pessoas devem lutar contra a depressão de todos os modos, pois entrar nela é fácil; o retorno à normalidade é mais difícil. Mas não é impossível para aqueles que têm fé.

Pegue o ramo de sempre-vivas na mão direita e os ramos de trigo na esquerda. Vá batendo alternadamente cada ramo em todos os cantos da casa; por último passe-os em você, calmamente. Peça que as forças da natureza limpem sua casa, eliminem a tristeza dos seus caminhos, que sua vida se renove todos os dias, que aquelas flores e o trigo revitalizem e fortaleçam seu corpo. Leve os ramos imediatamente para uma mata ou praça e coloque-os embaixo de uma árvore frondosa e bem viçosa. Regue com bastante mel e mentalize somente coisas boas. Com certeza você já voltará com seu astral melhorado!

Ao chegar em casa, com as pétalas das duas rosas brancas bem maceradas em dois litros de água misturados com a essência de baunilha, tome um banho da cabeça aos pés, vagarosamente. Vista uma roupa bem clara e, se quiser, vá passear, ler um bom livro ou dormir um sono bem tranquilo. No dia seguinte varra sua casa e passe um pano no chão com produto de limpeza que contenha amoníaco (cuidado com o cheiro forte, abra bem as janelas!). Se quiser, faça este banho uma vez por semana, durante um mês. Força! Lute, seja persistente... e vencerá!

11) Banho para afastar espíritos negativos que perturbam a sua vida e causam interferência no seu caminho

INGREDIENTES

um maço de macaçá
um maço de elevante (levante ou alevante)
sete folhas de peregum (nativo, pau-d'água)
folhas de aroeira
folhas de são-gonçalinho
uma colher de chá de mirra
uma colher de chá de benjoim

COMO FAZER

Este banho deve ser feito nos primeiros dias da Lua Minguante.

Primeiramente, passe as folhas do peregum pelo seu corpo, pedindo para afastar as negatividades, as perturbações. A seguir ponha todo os ingredientes numa panela com água e deixe ferver por cinco minutos. Esfrie e coe. Após tomar seu banho diário, jogue este banho do pescoço para baixo. Você pode fazer este banho duas vezes por mês ou quando sentir que algo estranho está lhe perturbando. Despache as sobras no mar, na maré vazante, num rio ou embaixo de uma árvore.

12) Banho para cortar a negatividade que não lhe deixa arranjar e firmar um relacionamento

INGREDIENTES

um molho de sempre-vivas
pétalas de três rosas vermelhas
uma fava de anis-estrelado
duas colheres de sopa de semente de girassol
uma noz-moscada ralada
uma colher de sopa de cravo-da-índia
algumas gotas do perfume de sua preferência

COMO FAZER

Ajude a você mesma(o), não sendo retraída(o) ou fechada(o) para novos relacionamentos, sejam amorosos ou amigáveis. Fuja da solidão, da nostalgia e procure ser mais cativante, participante, alegre; lute pela sua felicidade!

Coloque todos os ingredientes numa panela com três litros de água e deixe ferver por uns cinco minutos. Deixe esfriar e coe. Após tomar seu banho normal, jogue este banho da cabeça aos pés, vagarosamente, limpando seu corpo de toda negatividade. Repita uma vez por mês, durante três meses, mas sempre na mesma data. Deixe as sobras numa praça bem movimentada e bem florida, ao pé de uma árvore bem frondosa ou de uma palmeira. Força e fé!

13) Banho para ajudar a cortar insônia

INGREDIENTES

cascas secas de uma maçã
pétalas de duas rosas brancas, de preferência de um jardim
uma colher de sopa de gergelim
uma colher de sopa de essência de baunilha
uma colher de sopa de essência de morango
uma colher de sopa de açúcar cristal
um prato branco simples
uma maçã vermelha
um pouco de mel
papel branco

COMO FAZER

Este banho deve ser tomado de preferência umas duas horas antes de a pessoa ir dormir, e é ideal que seja repetido três vezes na semana, durante um mês.

Coloque numa panela dois litros de água, acrescente os três primeiros ingredientes e ponha para ferver. Retire do fogo, deixe esfriar e acrescente as essências e o açúcar, mexendo bem. Despeje da cabeça aos pés, vagarosamente. Jogue as sobras num matinho limpo.

Antes de dormir, lave a maçã, corte-a em quatro pedaços, coloque no prato, regue com o mel e vá mentalizando com serenidade, pedindo somente coisas boas. Coloque o prato ao lado da sua cama, no chão, quando for dormir. Após três dias, leve esta maçã e coloque-a num jardim bem florido, enrolada num papelzinho branco. Bons sonhos e felicidades!

14) Banho para acalmar pessoas agitadas, irritadas e geniosas

INGREDIENTES

uma tigela branca
arroz branco cru
uma maçã vermelha picada
uma pera picada
um cacho de uvas verdes
pétalas de duas rosas brancas
um metro de morim branco

COMO FAZER

Este banho de frutas é ótimo para acalmar, trazer equilíbrio e promover uma sintonia perfeita entre você e o meio em que vive.

Misture todos os ingredientes na tigela. Abra o morim no chão e fique em pé em cima dele. Passe os elementos pelo seu corpo, de modo que caiam no tecido. Junte tudo no morim e leve para jogar no mar, pedindo que as águas levem o mau gênio, a agitação, a ansiedade, o estresse etc. Com certeza você conseguirá o que pediu!

BANHOS PARA AJUDAR POSITIVAMENTE

Os banhos para eventos positivos, para o amor e a prosperidade devem ser feitos na Lua Crescente, Cheia ou Nova. Essas fases da Lua produzem e ajudam em todos os segmentos que precisam de pontos positivos. Os banhos para atração devem ser passados pelo corpo com suas mãos. Antes de um encontro amoroso ou sexual, ou também para atrair uma pessoa, é conveniente tomar um banho especial, para ativar ainda mais o seu poder de sedução.

1) Banho para sedução e encantamento, para ajudar a conquistar alguém especial

INGREDIENTES

sete rosas vermelhas sem espinhos (se puder, rosas de jardim)
sete pedaços de canela em pau

COMO FAZER

Este banho deve ser tomado, de preferência, no primeiro dia da Lua Crescente, na parte da manhã. Prepare-o na noite anterior. Pode fazer um por mês, durante três meses.

Numa panela com dois litros de água, coloque as pétalas das rosas e os pedaços de canela e deixe ferver por uns cinco minutos. Se puder, deixe num balde ou numa bacia ao ar livre; melhor ainda se puder receber a luz da Lua. De manhã tome seu banho matinal, com sabonete neutro, e jogue o banho de rosas do pescoço para baixo, bem devagar. Permaneça durante um a dois minutos com ele no corpo e, logo após, se enxugue. Vista uma roupa especial e vá passear em bons ambientes, para seduzir e conquistar um amor! No dia seguinte coloque os bagaços do banho em uma praça bonita e movimentada ou embaixo de uma árvore florida e sem espinho. Boa sorte!

2) Banho para encantar e seduzir cada vez mais o(a) seu(sua) amado(a)

INGREDIENTES

três rosas vermelhas sem espinhos
uma colher de sopa de dandá-da-costa ralado
folhas de verbena
uma vela vermelha pequena

COMO FAZER

Faça este banho no início da Lua Cheia ou Nova.

Coloque uns dois litros de água numa panela e acrescente as três rosas inteiras, sem o talo, o dandá-da-costa e as folhas de verbena, deixando ferver por cinco a 10 minutos. Ponha para esfriar e coe. Após tomar seu banho diário, jogue este, do pescoço para baixo, vagarosamente, enxugando-se apenas após uns dois minutos, deixando assim o banho agir melhor. Acenda uma vela vermelha, pedindo ao astral que conspire ao seu favor e ative ainda mais os seus encantos. Ponha uma roupa sedutora, um bom perfume e encante ainda mais o seu amor! Posteriormente, leve os elementos do banho e coloque em local florido, numa praça ou deixe na frente de uma árvore frondosa e sem espinho. Bons momentos!

3) Banho para relaxar e ajudar a atrair quem você deseja

INGREDIENTES

folhas de oriri
dois litros de água mineral sem gás
duas gemas de ovo
gotas de um bom perfume (o de sua preferência)
uma vela amarela pequena

COMO FAZER

Faça este banho nos primeiros dias da Lua Cheia, sexta-feira, sábado ou domingo.

Numa bacia com a água macere bem as folhas de oriri, coloque as duas gemas e o perfume. Mexa bem com a mão direita e depois com a mão esquerda. Deixe dormir no sereno, no quintal ou na janela, de preferência em lugar que receba os raios de luar. No dia seguinte coe. Tome seu banho diário e jogue lentamente este banho, do pescoço para baixo, espalhando-o pelo corpo todo com as mãos. Deixe secar um pouco, vista uma roupa clara e procure ficar com ele no corpo o máximo de tempo que puder (o cheiro das gemas é forte, mas suportável!), mentalizando a pessoa a quem você quer atrair. Tome um novo banho, com seu sabonete, e coloque um bom perfume. Acenda a vela amarela e ofereça às forças astrais do amor. Vista-se para arrasar e vá para seu compromisso! Procure frequentar bons locais, onde sempre é possível *ser vista* e *ver* também! Se quiser, repita na próxima Lua Cheia.

4) Banho para enlouquecer o ser amado

INGREDIENTES

folhas de pitangueira
duas rosas vermelhas
mel
seu perfume favorito

COMO FAZER

Em uma panela coloque dois litros de água e acrescente as folhas de pitangueira e as pétalas das rosas vermelhas. Deixe ferver por alguns minutos, desligue e coloque uma colher de sopa de mel. Deixe amornar, coe e acrescente gotas do seu perfume preferido. Tome seu banho habitual e jogue este do pescoço para baixo momentos antes de encontrar com o seu amor. Não se enxugue muito, deixe o banho ficar no seu corpo.

5) Banho para atrair o amor

INGREDIENTES

cinco pedaços de canela em pau
cinco flores de laranjeira
pétalas de duas rosas vermelhas
uma flor de girassol
perfume

COMO FAZER

Ponha em uma panela um litro de água com os pedaços de canela, as flores de laranjeira, as pétalas das rosas vermelhas e a flor de girassol. Leve para ferver por cinco minutos. Tire do fogo e deixe esfriar. Coe e acrescente cinco gotas do perfume. Após seu banho diário, despeje este sobre o seu corpo, do pescoço para baixo, chamando pelo nome do seu amado e pedindo o que deseja. Faça numa quinta-feira, em Lua Nova.

6) Banho para aumentar o seu poder de sedução e abrir caminho para conquistas

INGREDIENTES

uma garrafa de espumante *rosé*
sete rosas vermelhas
sete pedaços de canela em pau
sete pedaços de maçã
sete sementes (ou galhos) de coentro
sete galhos de manjericão

COMO FAZER

Faça num dos primeiros dias da Lua Crescente.

de bem com a vida

Coloque numa panela um litro de água, o espumante *rosé*, as pétalas das rosas vermelhas, a canela em pau, os pedaços de maçã e o coentro. Ferva por cinco minutos, retire do fogo, acrescente o manjericão e tampe. Após esfriar, coe e despeje do pescoço para baixo. Durante o banho, chame o nome da pessoa amada, mentalizando bons momentos com ela.

7) Banho para conquistar um amor

INGREDIENTES

10 flores de laranjeira
um maço de elevante (levante ou alevante)
folhas de alfazema
10 rosinhas mariquinhas brancas (somente as rosas)
perfume de sua preferência

COMO FAZER

Coloque num balde três litros de água, acrescente as ervas e flores acima e esfregue-as com as duas mãos, para retirar todo o sumo das flores e folhas. Deixe no sereno de um dia para o outro. Quando for usar o banho, acrescente sete gotas de seu perfume preferido na mistura e despeje do pescoço para baixo, vagarosamente. Vá pedindo às forças da natureza e a todas as energias do Universo que lhe ajudem a encontrar a pessoa desejada e que ela também se sinta atraída por você. Ponha o resto do banho num jardim ou num gramado.

8) Banho para melhorar um relacionamento enfraquecido/diminuído

INGREDIENTES

uma colher de sopa de erva-doce em grão
pétalas de uma rosa branca
pétalas de uma rosa amarela
folhas de verbena
folhas de artemísia
três lírios brancos
três jasmins
três flores de violeta vermelha (daquelas muito usadas para enfeitar mesas de festas)
folhas de camomila
folhas de louro
folhas de hortelã
essência de papoula

COMO FAZER

Este banho é muito bom para ajudar a ter sempre disposição para o sexo.

Coloque num balde a erva-doce, as pétalas da rosa branca e da rosa amarela, as folhas de verbena, as folhas de artemísia, os lírios brancos, os jasmins, as flores da violeta, as folhas de camomila, as folhas de louro e as folhas de hortelã. A seguir, acrescente dois litros de água fervendo. Depois de frio e coado, coloque algumas gotas da essência e, após o seu banho diário, passe este banho bem devagar, com as mãos, acariciando seu corpo, sentindo-se atraente. Deixe-o secando no corpo. Vista-se atraentemente e espere pelo resultado!

9) Banho para seu homem ficar com o pensamento fixo em você, sempre apaixonado

INGREDIENTES

pétalas de três rosas vermelhas (de preferência de jardim)
uma colher de sopa de erva-doce (funcho)
alguns carrapichos
sete cravos-da-índia
duas colheres de sopa de açúcar mascavo
essência de ópio
papel branco
perfume à sua escolha

COMO FAZER

Procure fazer este banho numa Lua Crescente, no sábado ou domingo.

Escreva a lápis o nome da pessoa amada num papel coloque numa panela com água, acrescente as flores, as ervas e o açúcar, e leve para ferver por uns cinco minutos. Esfrie e acrescente três gotas de um perfume de sua preferência e algumas gotas da essência de ópio. Após tomar seu banho diário, jogue este banho do pescoço para baixo, com calma, mentalizando o rosto do seu amor e chamando por ele, pedindo que a força da paixão esteja sempre unindo-os. Leve os bagaços do banho para colocar num jardim bem bonito. Felicidade!

10) Banho para seu(sua) amado(a) ficar bem dócil, mais carinhoso(a) e só ter olhos para você

INGREDIENTES

uma flor de girassol grande
sete cravos-da-índia
sete pedaços de canela em pau
uma colher de sopa de noz-moscada ralada
uma colher de sopa de erva-doce
sete folhas de louro
uma colher de sopa de açúcar mascavo
um prato de papelão
papel branco
mel

COMO FAZER

Tome este banho em três dias seguidos de Lua Cheia. Guarde em local bem fresco, para não estragar.

Escreva num papel, a lápis, o nome do seu amor e coloque com jeito dentro da flor de girassol, de modo que não saia. Passe a flor vagarosamente pelo seu corpo, de baixo para cima, parando por um momento no coração e levando a seguir à boca, onde você fará seus pedidos. Coloque-a numa panela com água e também os demais ingredientes e deixe ferver um pouco (se o nome sair, torne a colocá-lo dentro da flor). Deixe esfriar e coe, dividindo para os três dias. Banhe-se do pescoço para baixo. Depois coloque a flor no prato, as sobras em volta, regue com mel e deixe embaixo de uma árvore sem espinhos e bem frondosa. Nenhum amado resiste a este banho!

11) Banho para conquistar um amor ou a pessoa dos seus sonhos

INGREDIENTES

14 rosas vermelhas
uma colher de café de canela em pó
folhas de patchuli
folhas de verbena
uma colher de café de incenso
duas colheres de sopa de mel
uma pitada de *glitter* (ou purpurina) prata, dourado e furta-cor
essência de maçã verde

COMO FAZER

Faça este banho durante três dias seguidos, na Lua Crescente, começando no sábado. Procure guardar o banho pronto num local bem arejado e fresco, para não estragar.

Ponha água numa panela grande e acrescente as rosas inteiras e sem espinhos, a canela, as folhas de patchuli e de verbena e o incenso. Deixe ferver um pouco, sem que as rosas despetalem. Desligue e acrescente o mel, o *glitter* e a essência. Deixe esfriar e coe, dividindo para os três banhos. Coloque os elementos do banho num rio limpo ou em local bem florido. Se for tomar seu banho pela manhã, mostre antes ao Sol; se for à noite, mostre à Lua, pedindo força, claridade e magnetismo para conquistar um grande amor. Jogue este banho do pescoço para baixo, calmamente, mentalizando somente coisas boas. Se você por acaso já tiver em mente alguém que deseja conquistar, após o terceiro banho procure aproximar-se, sabendo dosar e usar bem a sua sensualidade, meiguice e todo seu charme. Com certeza você conseguirá.

12) Banho afrodisíaco

INGREDIENTES

cinco gotas de essência de rosas
cinco gotas de essência de sândalo
cinco gotas de almíscar
uma colher de sopa de cravo-da-índia em pó
uma colher de sopa de mel

COMO FAZER

Em um balde coloque água quente e acrescente as gotas de essência de rosas, as gotas de essência de sândalo, as gotas de almíscar, o cravo-da-índia e o mel. Deixe descansar por mais ou menos uma hora. Tome seu banho normal e vá passando, com as mãos, este banho pelo seu corpo, desde a cabeça. Deixe o banho secar naturalmente no seu corpo. Vista-se e saia para a conquista! Se quiser, coloque um pouco de perfume de almíscar atrás da orelha e nas palmas das mãos.

13) Banho para reativar um relacionamento amoroso

INGREDIENTES

meio copo de semente de girassol
uma noz-moscada ralada
uma colher de sopa de camomila
10 folhas de louro bem verdinhas
perfume de sua preferência
essência de maçã

COMO FAZER

Este banho é ideal para "reaquecer" aquele relacionamento que já está meio "morno"! Faça durante três dias, no início da Lua Nova, Crescente ou Cheia.

Leve os quatro primeiros ingredientes ao fogo, numa panela com três litros de água, e deixe ferver por uns cinco minutos. Esfrie, acrescente três gotas do seu perfume e algumas gotas da essência, e tome o banho do pescoço para baixo. A seguir, vista-se com roupas especiais, perfume-se e procure trazer de volta aquele "fogo" do passado, deixando ressurgir a sua sensualidade; renove-se, viva e reviva! Confie em você!

14) Banho para trazer alegria na vida a dois

INGREDIENTES

pétalas de rosas vermelhas
pétalas de rosas brancas
três galhos de alecrim
três galhos de manjericão
gotas do seu perfume preferido
incenso de jasmim ou sândalo (opcional)
uma vela branca e uma vermelha (opcional)

COMO FAZER

Leve as ervas e pétalas para ferver em dois litros de água. Após cinco minutos de fervura, desligue e deixe esfriar. Coe, ponha o perfume e, após seu banho diário, jogue este do pescoço para baixo, bem devagar, deixando secar naturalmente, sem se enxugar. Se quiser, acenda um incenso de jasmim ou de sândalo e uma vela branca e uma vermelha após o banho. Ofereça à mãe natureza e às senhoras do amor. Leve o resto do banho e coloque num jardim ou embaixo de uma árvore bonita. Boa sorte!

15) Banho para trazer paz, melhorar o relacionamento e produzir bons momentos com o seu amado

INGREDIENTES

um copo de arroz branco cru
pétalas de três rosas (branca, vermelha e amarela)
duas colheres de sopa de araruta
uma colher de sopa de noz-moscada ralada
três moedas (uma prateada, uma dourada, uma de cobre)
três rosas sem espinhos (branca, vermelha e amarela)
essência de mel

COMO FAZER

Este banho deve ser feito na época da Lua Nova.

Cate o arroz e misture bem com as pétalas das rosas, a araruta, a noz-moscada e cinco gotas da essência de mel. Procure um local bonito e limpo, de preferência dentro de uma mata ou até mesmo o jardim de sua casa ou de uma praça. Passe vagarosamente este banho pelo seu corpo, da cabeça aos pés, mentalizando somente coisas boas e prazerosas e peça às forças da natureza que o amor sempre possa lhe trazer felicidade, excitação e alegria. Só tome banho no dia seguinte. Depois de três dias, passe as três rosas pelo seu corpo, de baixo para cima. Procure uma praça ou um jardim movimentado e, em local florido ou embaixo de uma árvore, coloque as moedas e por cima de cada uma delas ponha as rosas: na moeda dourada, a rosa amarela; na moeda prateada, a branca; e na moeda de cobre, a rosa vermelha. Bons momentos!

16) Banho para amenizar as brigas conjugais

INGREDIENTES

pétalas de quatro rosas brancas sem espinho
uma colher de sopa de gergelim
alguns galhos de alecrim
algumas flores de laranjeira
essência de jasmim
uma vela branca pequena

COMO FAZER

Coloque as ervas e flores numa panela com água e leve para ferver por uns cinco minutos. Deixe esfriar e acrescente algumas gotas da essência de jasmim. Tome seu banho matinal, com um sabonete neutro. Jogue este banho, do pescoço para baixo, bem devagar, mentalizando somente a harmonia e a tranquilidade do relacionamento. Aguarde um pouco antes de se enxugar, vista roupas claras e acenda a vela branca, para neutralizar as negatividades. Leve as sobras do banho e jogue num rio ou coloque num jardim ou praça. Muita paz e amor!

17) Banho para aumentar a sua autoestima e lhe dar forças para enfrentar seus medos

INGREDIENTES

um ramo de sempre-vivas
pétalas de duas rosas brancas sem espinho
um maço de alecrim-da-horta
uma colher de sopa de camomila
uma noz-moscada ralada
duas colheres de sopa de sementes de girassol
duas colheres de sopa de açúcar mascavo
essência de girassol

COMO FAZER

Este banho deve ser feito em noite de Lua Nova, para renovar sua vida.

Ponha as flores, as ervas e o açúcar numa panela com água e leve para ferver por cinco a 10 minutos. Esfrie e acrescente um pouco da essência de girassol. Faça seu banho diário e logo depois jogue este banho do pescoço para baixo, calmamente. Coloque uma roupa clarinha e procure ter bons pensamentos, bem positivos. Deixe o resto do banho aos pés de uma árvore sem espinho ou embaixo de uma palmeira, que é tida como árvore forte, que resiste a tudo, sem se deixar abater. Força e alegria!

18) Banho para levantar o astral, tirar abatimentos, tristezas

INGREDIENTES

um maço de macaçá
folhas de patchuli
folhas de colônia
folhas de dinheiro-em-penca
folhas de erva-tostão
folhas de manjerona
10 gotas de essência de baunilha
uma vela azul pequena

COMO FAZER

Faça este banho em Lua Cheia, Crescente ou Nova. Separe as folhas para fazer banhos durante três dias seguidos.

Macere todas as folhas numa bacia com água e coloque as gotas de baunilha. Deixe descansar por umas duas horas. Tome seu banho normal e depois jogue este, da cabeça aos pés, com calma. Não se enxugue durante uns dois minutos. Acenda a vela azul, pedindo às forças astrais que lhe deem paz, equilíbrio, felicidade e que você se harmonize. Deixe os bagaços do banho num lugar de água corrente, num parque ou praça. Procure viver ao lado de pessoas positivas, alegres, não deixe que os pensamentos negativos sobreponham-se aos pensamentos bons. Lembre-se do ditado: "A vida só é dura para quem é mole". Felicidades!

19) Banho para afastar o baixo-astral da sua vida

INGREDIENTES

um maço de sálvia
folhas de colônia
um maço de poejo
folhas de desata-nó
folhas de vence-tudo (vence-demanda)
21 caroços de milho vermelho (sete para cada dia)
21 cravos-da-índia (sete para cada dia)
3 velas brancas

COMO FAZER

Faça este banho por três dias seguidos e procure separar os elementos para os três banhos.

Coloque todas as ervas numa panela com três litros de água e deixe ferver por cinco minutos. Após tomar seu banho diário, jogue este banho do pescoço para baixo, vagarosamente, limpando assim o seu corpo da melancolia, da tristeza e dos pensamentos ruins. A seguir, acenda uma vela branca para as forças positivas que existem na natureza. Os bagaços restantes do banho devem ser juntados e jogados num rio sujo ou enterrados num buraco feito no seu quintal ou em uma mata.

de bem com a vida

20) Banho para atrair sorte

INGREDIENTES

sete folhas de folha-da-fortuna
sete galhos de arruda macho
sete galhos de arruda fêmea
sete galhos de elevante (levante ou alevante)
sete galhos de vence-tudo
um pouco de guiné
uma folha de espada-de-são-jorge cortada em sete pedaços
essência de bergamota
perfume à sua escolha

COMO FAZER

Este banho é especial para quem está sentindo a falta dessa energia em sua vida, tanto no trabalho como no amor. É ideal que seja feito num dia de Lua Crescente ou Nova.

Coloque todas as ervas para ferver em três litros de água por cinco minutos. Desligue o fogo, tampe e deixe esfriar. Após coar, acrescente algumas gotas da essência de bergamota e de um perfume de sua preferência. Tome seu banho diário e logo a seguir jogue este, do pescoço para baixo. Faça por três dias seguidos. Deixe o resto dos banhos em um jardim ou praça, em local limpo.

21) Banho para lhe dar equilíbrio, eliminar a agitação e o nervosismo

INGREDIENTES

um maço de macaçá
16 folhas de saião

16 gotas de essência de baunilha
uma toalha de banho branca
uma noz-moscada ralada
talco neutro

COMO FAZER

Tome este banho em Lua Nova.

Num recipiente com água macere as folhas de macaçá e de saião, acrescentando a baunilha e a noz-moscada. Deixe descansar por uma a duas horas. Depois que tomar seu banho matinal, use este banho, deixando-o agir por alguns minutos no seu corpo. A seguir, enxugue-se bem com a toalha branca e estenda-a em local sossegado e reservado, mentalizando somente paz, tranquilidade, energias positivas da natureza. A seguir, polvilhe a toalha com um talco neutro e deixe-a secar. Guarde esta toalha em local bem limpo e arejado. Quando sentir novamente os mesmos sintomas faça este banho e utilize novamente a mesma toalha. Não deixe ninguém usá-la.

Procure sempre harmonizar-se com pessoas que possam lhe transmitir segurança e com as quais você sinta que existe uma sintonia perfeita.

22) Banho para eliminar a melancolia, a solidão e a tristeza

INGREDIENTES

três litros de água de rio limpa (ou três litros de água mineral sem gás)
sete rosas brancas sem espinho

de bem com a vida

duas colheres de sopa de gergelim
três folhas de colônia
sete folhas de saião
sete flores de laranjeira
um vidro de água de melissa
um vidro de água de flor de laranjeira
um vidro de água de rosas
uma vela branca pequena

COMO FAZER

Coloque todas as ervas no fogo com a água e, quando começar a ferver, desligue. Ao esfriar, acrescente água de melissa, água de flor de laranjeira e água de rosas (todas são compradas em farmácias). Após seu banho diário, use este da cabeça aos pés, lentamente, mentalizando somente coisas boas e positivas. Aguarde alguns momentos antes de se enxugar. Acenda a vela e peça ajuda ao Grande Senhor do Universo, que tudo vê e a todos atende! Ponha os bagaços do banho num cantinho de uma praça bem frequentada por jovens e crianças. Alegria, pois a vida é maravilhosa!

23) Banho para fortalecer seu corpo físico e espiritual e lhe dar equilíbrio

INGREDIENTES

um maço de macaçá
10 folhas de alumã (boldo-paulista, boldo-do-chile)
duas nozes-moscadas raladas
10 gotas de essência de baunilha
uma fava de pichulim (pichurim) ralada

COMO FAZER

De preferência faça este banho duas vezes, nas primeiras horas da manhã, na terça-feira, na quinta-feira ou no sábado, em Lua Cheia.

Coloque os ingredientes numa panela com um litro de água (este banho deve ficar bem forte!) e deixe ferver por cinco minutos. Deixe esfriar e tome seu banho diário. Logo depois, esfregue as folhas deste banho em você, desde a cabeça até os pés. Procure ficar o máximo de tempo sem se enxugar, deixando as ervas agirem no seu corpo, mentalizando somente coisas positivas e boas. Coloque uma roupa clara e deixe os bagaços do banho num matinho.

24) Banho para afastar doenças "avisadas"

INGREDIENTES

um litro de leite de vaca
uma noz-moscada ralada
um litro de água mineral sem gás
essência de dama-da-noite

COMO FAZER

Tome este banho numa Lua Minguante.

Ponha os três primeiros ingredientes para ferver e deixe esfriar. Acrescente algumas gotas da essência de dama-da-noite. Após tomar seu banho diário, jogue este banho do pescoço para baixo, procurando aparar um pouco numa bacia ou num balde. Leve este resto de banho e jogue num rio, pedindo para as águas levarem as doenças dos seus caminhos e da sua vida.

de bem com a vida

25) Banho para trazer sorte e cortar interferências negativas que prejudiquem sua saúde

INGREDIENTES

um litro de leite de cabra
dois litros de água de cachoeira (ou mineral sem gás)
dandá-da-costa ralado
uma fava de pichulim (pichurim) ralada
essência de café

COMO FAZER

Ferva os quatro primeiros ingredientes e ponha para esfriar. Acrescente a seguir algumas gotas da essência de café. Tome seu banho matinal e jogue este do pescoço para baixo, vagarosamente, esfregando-o em todo o corpo. Procure ficar sem se enxugar durante um bom tempo. A seguir vista uma roupa bem clara e ponha o resto do banho numa plantinha florida ou embaixo de uma árvore.

26) Banho para atrair dinheiro, prosperidade

INGREDIENTES

um maço de amor-do-campo
uma noz-moscada ralada
dois litros de água mineral sem gás
essência de mirra
uma moeda corrente

COMO FAZER

Este banho é ideal para fazer no primeiro dia da Lua Crescente.

Lave bem os ramos da erva, coloque num recipiente com a água e macere bem as folhas. Acrescente a noz-moscada, uma moeda de qualquer valor lavada e 10 gotas da essência de mirra. Deixe ficar no sereno, de um dia para o outro. Pela manhã tome seu banho normal e jogue este banho, da cabeça aos pés. Guarde a moeda na carteira de dinheiro. Despache os bagaços em local movimentado, como estrada, praça etc.

27) Banho para ter sucesso em entrevistas ou conquistar admiração no seu emprego

INGREDIENTES

um maço de macaçá
um maço de sempre-vivas
dandá-da-costa ralado
fava de pichulim (pichurim) ralada
uma noz-moscada ralada
uma fava de bejerecum ralada

COMO FAZER

Coloque os ingredientes numa panela com água e deixe ferver. Esfrie e coe. Após seu banho diário, jogue este do pescoço para baixo. Vista-se elegantemente, porém com discrição, e vá para sua entrevista, com segurança. Este banho também vai lhe proporcionar uma presença mais positiva no seu emprego. Coloque os restos do banho embaixo de uma árvore florida. Boa sorte!

28) Banho para você se tornar o centro das atenções e ser bem-vindo(a) onde chegar

INGREDIENTES

sete rosas amarelas inteiras
um maço de sempre-vivas
sete ramos de trigo
uma colher de sopa de mirra
um prato de papelão
mel
azeite de oliva
glitter (ou purpurina) dourada e furta-cor (*néon*)

COMO FAZER

Faça este banho num sábado, na Lua Nova.

Ponha as rosas, a sempre-viva, o trigo e a mirra numa panela grande com água e deixe ferver. Esfrie. Tome seu banho diário e use este do pescoço para baixo, vagarosamente. Coloque as rosas no prato, rodeie com as sobras, regue com mel e azeite e polvilhe com o *glitter*. Leve para um local bem alto, um morro, por exemplo. Vista-se e saia para conquistar! Mas lembre-se: nada resiste à simpatia, à faceirice e a um bom sorriso!

29) Banho para cortar agressividades (do ser amado, de filho/a rebelde, dos inimigos etc.)

INGREDIENTES

um vidro transparente pequeno
uma folha de papel branco
um maço de folhas de louro verdinhas
um maço de folhas de saião
um maço de folhas de patchuli
um maço de folhas de folha-da-fortuna
sabão neutro
açúcar mascavo

COMO FAZER

Desenhe no papel um coração e recorte-o. Escreva o nome da pessoa agressiva em todos os lugares do papel, sem deixar espaço, e coloque o papel dentro do vidro. Macere as folhas num recipiente com cinco litros de água, deixe descansar por umas duas horas e coe. Ao tomar seu banho ensaboe-se abundantemente com um sabão neutro e lave-se com o banho de folhas, aparando um pouco deste banho no vidro. Acrescente o açúcar mascavo, tampe bem o vidro e sacuda. Abra um pequeno buraco no quintal de sua casa ou no meio de uma mata, coloque o vidro e cubra com terra, pedindo que ali fique enterrada a agressividade, o mau gênio, a rebeldia etc. de fulano(a) e pise firme, sapateie por cima. Se necessário, repita novamente 30 dias depois. Sucesso!

de bem com a vida

30) Banho para fortalecer seu astral e trazer sorte no amor

INGREDIENTES

sais de banho de água-marinha
uma garrafa pequena de champanhe ou de um vinho de boa qualidade
pétalas de duas rosas brancas (quando for para aliviar o estresse e fortalecer o astral)
15 gotas de essência de morango
15 gotas de essência de baunilha (quando for direcionado para o amor)

COMO FAZER

Este banho deve ser feito numa banheira.

Encha a banheira com uma água bem morninha e acrescente os elementos indicados, de acordo com a sua necessidade. Deixe que a água cubra todo o seu corpo e mantenha seu pensamento livre de todos os problemas do dia a dia; permita-se pensar somente em coisas boas, positivas. Logo após, enxugue-se e coloque roupas claras. Você irá sentir-se renovada(o), uma nova pessoa!

31) Banho para lhe dar equilíbrio e neutralizar as forças negativas que lhe perturbam

INGREDIENTES

água grossa do cozimento de canjica (milho branco)

10 gotas de essência de baunilha
duas colheres de sopa de açúcar refinado
uma noz-moscada ralada
um maço de macaçá (catinga-de-mulata) bem lavado e macerado

COMO FAZER

Coloque a água da canjica num balde ou bacia e acrescente mais um pouco de água pura, reunindo ali os demais elementos. Deixe descansar por umas duas horas e a seguir coe. Tome seu banho diário e jogue este banho da cabeça aos pés, vagarosamente, pedindo às Forças Supremas que lhe tragam paz e o harmonizem. Vista-se, a seguir, com roupas brancas ou bem claras.

32) Banho para trazer sorte financeira, fartura e prosperidade

INGREDIENTES

água do cozimento de milho vermelho mais um litro de água pura
uma colher de sopa de açúcar mascavo
dois pedaços de canela em pau
uma colher de sopa de cravo-da-índia
uma colher de sopa de erva-doce
uma noz-moscada ralada
sete folhas de louro picadas
essência de mirra

COMO FAZER

Ponha a água, o açúcar e as ervas numa panela e leve ao fogo para dar uma leve fervura. Desligue, deixe esfriar e acrescente

10 gotas da essência de mirra. Se quiser, jogue um pouco deste banho na porta ou no portão da entrada de sua casa, pedindo prosperidade, sorte, que nunca lhe falte o pão de cada dia. Depois, tome seu banho normal e a seguir utilize este banho, da cabeça aos pés, lentamente. Aguarde alguns minutos antes de vestir roupas limpas e claras. Boa sorte e muita fartura!

33) Banho para acalmar cabeça de pessoa agitada, perturbada, revoltada

INGREDIENTES

um vidro de água de flor de laranjeira
um vidro de água de melissa
um vidro de água de rosas
um litro de água mineral sem gás
16 gotas de essência de baunilha
algumas moedas correntes

COMO FAZER

O ideal é fazer este banho entre 13 e 16 horas.

Junte as águas e a essência, e coloque em uma garrafa. Procure uma pequena cachoeira, em local sereno e que seja bem limpa, e lave nela a cabeça da pessoa com muita calma. No mesmo local, logo após, jogue o banho, pedindo à mãe das águas que tenha misericórdia e dê paz, calmaria e tranquilidade àquela cabeça. Enxugue levemente. Passe pelo corpo da pessoa algumas moedas e atire-as na água, em agradecimento às forças da natureza. Se achar necessário, repita o banho uns 10 dias depois.

defumadores

Desde o início dos tempos, o homem considerava o ato de defumar e incensar como liturgias sagradas, pois defumar traz em si o significado de "limpar perfumando". Por isso, era habitual entre alguns povos utilizar os defumadores para perfumar e limpar ambientes, pois o defumador tem também o poder mágico de purificar. Além de trazer equilíbrio para os ambientes, também proporciona harmonização do corpo físico com a parte espiritual e com os sentidos emocional e mental. A defumação é também um ato de descarrego, assim como os banhos. A fumaça produzida leva para o astral as partículas negativas ou atrai elementos positivos e clarificadores, dependendo dos elementos utilizados.

ATENÇÃO:
Para fazer defumadores prepare sempre uma quantidade que possa ser usada quando sentir necessidade. Utilize um incensório (também chamado de turíbulo, incensário ou incensador), com pedras de carvão em brasa. Faça seu defumador com cuidado, para não respingar alguns elementos ou pequenas brasas

nos móveis de sua casa e até mesmo nas pessoas. Se o fogo ficar muito alto, borrife um pouquinho de água, para apagar as chamas. Tenha calma, muita concentração e perseverança, porque só assim o defumador irá cumprir a sua função!

Antes de defumar sua residência ou seu comércio, faça uma faxina no ambiente, para retirar as impurezas materiais. A seguir, utilize primeiro um defumador para afastar negatividades. Sempre, após três dias, faça um outro, para atrair boas energias, "chamar a positividade" para sua casa ou seu comércio. Não se deve fazer defumador de descarrego no mesmo dia em que se faz um defumador para trazer positividade.

Defumadores para descarregar, aliviar ambientes

Estes tipos de defumadores são utilizados para limpar sua residência, seu escritório ou seu comércio. Eles devem ser feitos durante três dias, de preferência às segundas, quartas e sextas-feiras, no horário da tarde, após as 15 horas, e em Lua Minguante ou Lua Nova. Porém, de acordo com a necessidade, ou em casos de emergência, poderão ser feitos em qualquer dia. Conforme for defumando, vá mentalizando e pedindo às forças da natureza que levem as perturbações, as guerras, as intrigas, as dificuldades e negatividades da sua casa e dos seus caminhos. Tenha sempre um copo com água em local central da casa; após a defumação, se puder, jogue a água na rua. Coloque o resto do defumador queimado, após esfriar, aos pés de uma árvore ou num gramado limpo.

Lembre-se: estes defumadores são muito quentes, possuem uma energia muito intensa; por isso, após três dias de sua confecção, você deve fazer um outro defumador mais brando, para purificar, tranquilizar e clarear o ambiente (apresentados logo a seguir).

1) Defumador para afastar perturbações e a presença de espíritos negativos

INGREDIENTES

um punhado de bagaço de cana-de-açúcar seco e bem triturado (ou picado)
um pedaço de assa-fétida
uma colher de sopa de azeite de dendê (óleo de palma)
uma colher de sopa de açúcar refinado
essência de violeta
um copo com água

COMO FAZER

Misture todos os ingredientes e coloque em cima do braseiro. Defume sua residência ou seu comércio desde os fundos até a porta de entrada, abrindo todas as janelas, deixando assim que a fumaça leve para o exterior as negatividades que perturbam sua vida. Durante todo o tempo da defumação, deixe um copo com água em cima de uma mesa e, após a defumação, jogue esta água na rua.

de bem com a vida

2) Defumador para descarregar ambientes conturbados e desarmonizados

INGREDIENTES

um punhado de arroz com casca
folhas de arruda macho secas e com talo
uma colher de sopa de açúcar mascavo
uma colher de sopa de erva-doce

COMO FAZER

Junte os elementos, ponha no braseiro e incense sua casa, de dentro para fora, sempre com janelas e portas abertas. Se você morar em apartamento, deixe pelo menos todas as janelas abertas.

3) Defumador para espantar olho-grande, feitiços, demandas e guerras da sua casa ou empresa

INGREDIENTES

uma fava olho-de-boi triturada
folhas de desata-nó secas
folhas de tira-teima secas
folhas de vence-demanda secas
folhas de aroeira secas
uma noz-moscada ralada
uma colher de sopa de incenso

COMO FAZER

Misture os ingredientes e comece a defumar dos fundos para a frente, passando por todos os ambientes, sempre com as janelas abertas.

4) Defumador para quebrar as forças e cortar a inveja dos inimigos do seu comércio ou casa

INGREDIENTES

folhas de arruda macho e de arruda fêmea secas e trituradas
folhas de cajá-manga secas
folhas de pitangueira secas
folhas de eucalipto secas
folhas de guiné-pipiu secas
uma noz-moscada ralada

COMO FAZER:

As folhas de eucalipto, neste caso, devem ser aquelas compridas e afiladas.

Junte os elementos e ponha no braseiro. Abra as janelas e defume desde os fundos até a porta da frente, deixando a fumaça incensar bem todos os cômodos. Incense também as pessoas.

de bem com a vida

5) Defumador para cortar as guerras, as confusões de dentro da sua casa

INGREDIENTES

folhas de alecrim secas
folhas de manga-espada secas
folhas de cajá-manga secas
uma noz-moscada ralada
uma colher de sopa de açúcar

COMO FAZER

Após juntar os ingredientes, coloque-os em cima de um braseiro e defume sua residência (ou seu comércio) de dentro para fora, sempre pedindo que as intrigas, as guerras e as confusões saiam de sua casa e vão para o astral, levando as negatividades.

6) Defumador para espantar influências negativas e maus espíritos que estejam perturbando as pessoas da casa

INGREDIENTES

folhas de guiné secas
um pouco de raiz ou folhas de sapê
uma colher de sopa de incenso
uma colher de sopa de açúcar mascavo
uma noz-moscada ralada

COMO FAZER

Misture os ingredientes e coloque-os por cima do braseiro. Abra a casa toda e deixe um fio de água escorrendo de qualquer torneira, durante todo o tempo do defumador. Comece dos fundos e termine na porta da frente, após as 15 horas. Alguns dias depois, faça um dos defumadores de positividade, apresentados a seguir.

7) Defumador para limpar ambientes carregados, com brigas constantes, com energias negativas

INGREDIENTES

uma colher de sopa de pó de dandá-da-costa
uma colher de sopa de mirra
uma colher de sopa de sândalo em pó
palha de alho
casca de cebola
essência de rosa

COMO FAZER

Junte os ingredientes e faça o defumador começando pelos fundos, indo até a porta da casa, sempre à tarde. Três dias depois faça um defumador para "levantar o positivo".

8) Defumador para espantar fluidos negativos e a presença de espíritos perturbadores

INGREDIENTES

folhas de para-raios
folhas de mangueira
uma colher de sopa de orégano
uma colher de sopa de manjericão seco
uma colher de sopa de cominho
uma noz-moscada ralada
uma colher de sopa de açúcar mascavo (ou cristal)
essência de noz-moscada

COMO FAZER

Pique as folhas e junte com os demais ingredientes. A seguir, coloque em cima do braseiro e defume a casa toda, de dentro para fora, após as 15 horas. Não esqueça de, alguns dias depois, fazer um novo defumador, para atrair positividade!

9) Defumador para limpar a casa de maus fluidos, olho-grande e inveja

INGREDIENTES

uma colher de sopa de açúcar mascavo (ou cristal)
folhas de elevante (levante ou alevante) secas
folhas de macaçá (catinga-de-mulata) secas
folhas de poejo secas
uma casca de ovo triturada

casca de uma maçã verde seca
pétalas de três rosas brancas

COMO FAZER

Misture os ingredientes e coloque no braseiro, defumando a casa desde os fundos até a porta sempre à tarde. Após três dias faça um novo defumador, para atrair coisas boas, positivas!

Defumadores para atrair positividade

Se você fez qualquer um dos defumadores anteriores em sua residência ou em seu comércio, o ideal é fazer logo após um destes, que ensinaremos a seguir. Você pode fazer na terça--feira, na quinta-feira e no sábado seguintes, de preferência pela manhã, em Lua Crescente, Cheia ou Nova. Utilize a força do seu pensamento positivo, mantenha a mente aberta para pedir tudo o que deseja. Procure sempre fazer estes defumadores após ter tomado seu banho, vestida(o) com roupas limpinhas e claras, de preferência brancas, azul-claras, verdinhas, para atrair somente coisas boas e puras. Sua casa também precisa estar impecavelmente limpa, para chamar bons fluidos.

de bem com a vida

1) Defumador para purificar e clarear sua casa ou seu comércio

INGREDIENTES

duas colheres de sopa de açúcar
uma noz-moscada ralada
uma colher de sopa de gergelim
pétalas de rosas brancas de jardim secas
essência de mirra

COMO FAZER

Misture todos os ingredientes e acrescente no braseiro. Defume começando pela porta ou pelo portão de entrada, percorra todos os cômodos e termine nos fundos da sua residência ou do seu comércio. Deixe as janelas abertas e, se morar em casa, as portas também, para atrair claridade e sorte!

2) Defumador para atrair paz e tranquilidade

INGREDIENTES

pétalas de rosas brancas de jardim secas
cascas de maçã secas
uma noz-moscada ralada
alecrim seco
uma colher de sopa de incenso
uma colher de sopa de açúcar

COMO FAZER

Junte os elementos e ponha por cima do braseiro, incensando a casa de fora para dentro, calmamente, sentindo a força que provém da fumaça e usufruindo da calmaria que ela traz. Muita paz!

3) Defumador para limpar e acalmar criança rebelde, muito agitada

INGREDIENTES

pétalas de rosas brancas de jardim secas
uma colher de sopa de camomila
uma colher de sopa de erva-doce
uma noz-moscada ralada
uma fava de pichulim (pichurim) ralada
flores de jasmim secas
essência de jasmim

COMO FAZER

Pode ser usado também em pessoas adultas, mas é preferencial para crianças. Faça sempre de manhã, em Lua Nova ou Crescente.

Junte os elementos e defume vagarosamente a criança, mentalizando tranquilidade, harmonia e obediência. A seguir, vá defumando a casa, iniciando na porta de entrada e terminando nos fundos da residência.

4) Defumador para promover a união entre os familiares ou funcionários

INGREDIENTES

uma colher de sopa de incenso
uma colher de sopa de benjoim
uma noz-moscada ralada
pétalas de rosas brancas de jardim secas
açúcar cristal
uma vela branca
uma vela azul (opcional)

COMO FAZER

Este defumador deve ser feito quando a residência ou o comércio estiver "quente", agitado, para trazer união e paz entre pais e filhos, irmãos e funcionários.

Acenda uma vela branca no cômodo principal e deixe queimar até o final. Comece seu defumador misturando os ingredientes e colocando-os no incensador. Percorra a casa da porta da frente até os fundos, com as janelas abertas, tranquilamente, sem pressa, pedindo que o defumador possa trazer pacificação, harmonia e unidade entre os moradores e os frequentadores daquele local. Se puder, logo após acenda uma vela azul, que proporciona e traz ao ambiente muita paz e equilíbrio.

5) Defumador para limpar, clarear, descontrair e alegrar o ambiente

INGREDIENTES

uma colher de sopa de açúcar cristal
uma colher de sopa de erva-doce
uma noz-moscada ralada
essência de absinto

COMO FAZER

Misture os ingredientes e faça o defumador começando pela porta da frente e terminando nos fundos da sua residência ou também do seu comércio. Boa sorte e muita claridade!

6) Defumador para levantar o astral das pessoas

INGREDIENTES

flores de laranjeira secas
flores de manacá secas
flores de jasmim secas
uma colher de sopa de alecrim
uma colher de sopa de benjoim
uma colher de sopa de incenso
uma fava bem-com-deus (ou folhas secas da planta)
açúcar cristal

de bem com a vida

COMO FAZER

Junte todos os elementos e coloque no braseiro, defumando desde a porta de entrada, passando por todos os cômodos e terminando no final da casa. Sua residência deve estar bem limpa, arrumada, própria para receber a fumaça benfazeja do defumador. Abra as janelas e as portas, se possível. Mentalize e peça somente coisas positivas e boas para todos os moradores. Muita sorte!

7) Defumador para união e amizade entre pessoas

INGREDIENTES

folhas de mutamba secas
uma noz-moscada ralada
uma colher de sopa de sementes de girassol
uma colher de sopa de erva-doce
folhas de louro secas e picadas

COMO FAZER

Depois que misturar todos os ingredientes, coloque-os em cima de um braseiro e defume a casa de fora para dentro, pedindo e mentalizando paz, união e harmonia dentro daquele lar.

8) Defumador para saúde

INGREDIENTES

folhas de espinheira-santa secas
um punhado de manjericão seco
uma fava de baunilha (vanilina) picada
uma colher de sopa de sândalo em pó
uma noz-moscada ralada
essência de dama-da-noite

COMO FAZER

Reúna os ingredientes e coloque por cima do braseiro. Defume bem a pessoa doente, mentalizando o bem para sua saúde, sua melhora, elevando o pensamento para sua cura ou para minorar o seu sofrimento. A seguir, defume a casa, da porta para dentro. Muita saúde!

9) Defumador para atração, para conseguir um amor

INGREDIENTES

pétalas de rosas vermelhas de jardim secas
folhas secas ou essência de verbena
uma noz-moscada ralada
algumas sementes de anis-estrelado
uma colher de sopa de mirra
uma colher de sopa de cravo-da-índia
uma vela vermelha

de bem com a vida

COMO FAZER

Este defumador é para a pessoa incensar a si própria, mas também pode ser usado na sua residência, para atrair coisas boas e positivas.

Misture os elementos e coloque no incensador, começando a defumar na porta de entrada e acabando nos fundos da casa. Incense bastante a todos, mas principalmente aquela pessoa que deseja atrair um amor, alguém muito especial! Não se esqueça de acender uma vela vermelha, que atrai o amor e também movimento para sua vida.

10) Defumador para quem deseja arranjar um amor

INGREDIENTES

três flores de brinco-de-princesa secas
violetas vermelhas secas (daquelas muito usadas para enfeitar mesas de festas)
hortênsias secas
pétalas de rosas vermelhas de jardim secas
folhas ou essência de verbena
uma colher de sopa de açúcar

COMO FAZER

Junte os ingredientes e defume primeiramente e com muita calma o corpo de quem deseja arranjar um amor. Logo após, defume a casa, sempre começando pela porta de entrada e terminando nos fundos da residência. Mentalize o que deseja, pense positivo, peça com fé às forças da natureza que regem o amor. Faça este defumador numa terça-feira, quinta-feira e sábado, em Lua Cheia ou Nova.

11) Defumador para atração

INGREDIENTES

um maço de sempre-vivas (somente as flores)
uma noz-moscada ralada
uma colher de sopa de canela em pau
pétalas de rosas vermelhas de jardim secas
um punhado de manjericão seco
um punhado de saco-saco
essência de lótus

COMO FAZER

Este defumador serve para torná-la(o) o centro das atenções onde chegar. Faça quando for a algum local onde esteja alguém que você deseje atrair, seduzir.

Defume sua casa pela manhã, da porta de entrada até os fundos e, principalmente, defume-se bastante, pensando positivamente na pessoa desejada.

12) Defumador para trazer prosperidade e sorte

INGREDIENTES

folhas de abre-caminho secas
folhas de amor-do-campo secas
alguns pedaços de canela em pau
uma colher de sopa de benjoim
uma colher de sopa de alecrim seco
uma noz-moscada ralada

uma colher de sopa de cravo-da-índia
uma vela verde

COMO FAZER

Se você está se sentindo "pra baixo", desanimado, faça este defumador em sua casa ou no seu comércio, que irá ajudá-lo muito. Use sua fé e seu pensamento positivo, e acredite que tudo poderá mudar!

Junte os ingredientes e ponha para queimar no braseiro, começando pela porta da frente e terminando nos fundos da sua residência ou comércio. A seguir, acenda uma vela verde, que proporciona sorte e claridade.

13) Defumador para "chamar" dinheiro

INGREDIENTES

folhas de louro secas
folhas de dinheiro-em-penca secas
folhas de canela secas
uma colher de sopa de incenso
uma colher de sopa de mate
uma noz-moscada ralada
essência de mirra

COMO FAZER

Junte todos os ingredientes e coloque no braseiro, defumando desde a porta de entrada até os fundos da casa ou do comércio.

14) Defumador para trazer fartura e não deixar faltar o pão nosso de cada dia

INGREDIENTES

uma colher de sopa de açúcar
uma colher de sopa de café
uma colher de sopa de farinha de mandioca
sete nozes-moscadas raladas
uma vela de sete dias verde (opcional)

COMO FAZER

Após juntar todos os elementos e colocar no braseiro, comece defumando a casa desde a porta, terminando nos fundos, de preferência numa segunda, quarta e sexta-feira seguidas, na época da Lua Cheia, de manhã cedo. Se gostar, acenda no primeiro dia uma vela verde de sete dias e deixe queimar até o final.

15) Defumador para trazer movimento e ativar o seu comércio, seu escritório

INGREDIENTES

fumo de rolo seco e desfiado
uma colher de sopa de açúcar
uma noz-moscada ralada
uma colher de sopa de canela em pó
sete folhas de louro picadas
essência de gengibre

de bem com a vida

COMO FAZER

Quando você sentir que seu comércio está meio parado, faça este defumador durante três dias, de manhã bem cedinho, antes da chegada dos funcionários. Use a sua fé e o pensamento positivo em seu benefício!

Coloque no braseiro os ingredientes bem misturados e incense da porta para dentro. Deixe a fumaça limpar o ambiente e levar ao firmamento e às Forças da Natureza os seus pedidos.

16) Defumador para atrair clientes e prosperidade para seu comércio

INGREDIENTES

pétalas de rosas vermelhas de jardim secas
folhas de abre-caminho secas
folhas de alecrim secas
folhas de louro secas e picadas
uma noz-moscada ralada
uma colher de sopa de canela em pó
uma colher de sopa de cravo-da-índia
uma colher de sopa de erva-doce
uma colher de sopa de cominho
uma colher de sopa de açúcar cristal
uma colher de sopa de camomila
duas velas: uma verde e uma branca
essência de gengibre
essência de mirra

COMO FAZER

Este defumador deve ser feito por todos que possuem um comércio e ajuda bastante aquele que está meio decadente, sem perspectivas.

Acenda as duas velas bem juntinhas. Junte os ingredientes e coloque-os no braseiro, começando o defumador pela porta da frente. Eleve seus pensamentos para as forças positivas da natureza e mentalize tudo que deseja. Deixe a fumaça se espalhar pelo ambiente, limpando e purificando. Termine nos fundos. Faça de manhã bem cedinho e procure repetir uma vez por semana ou quando achar que é necessário. Sucesso!

17) Defumador para atrair sorte

INGREDIENTES

um pedaço de raiz de patchuli
uma colher de sopa de pó de sândalo
um pedaço de cipó-chumbo (ou cipó-cobre) seco
flores de lírio-do-brejo secas
um pouco de dandá-da-costa ralado
uma vela azul

COMO FAZER

Após fazer um braseiro bem forte, coloque todos os ingredientes, bem misturados. Inicie a defumação pela porta da frente e termine nos fundos da casa ou do comércio. Eleve seu pensamento somente para coisas positivas, para atrair sorte e prosperidade. Acenda uma vela azul, ao final, ou se preferir antes de começar o defumador.

18) Defumador para atrair dinheiro e prosperidade para sua casa ou comércio I

INGREDIENTES

um obi ralado
um orobô ralado
uma fava de pichurim (pichulim) ralada
uma fava de aridã ralada
um pouco de dandá-da-costa ralado
uma colher de sopa de incenso
uma colher de sopa de açúcar cristal

COMO FAZER

Junte todos os ingredientes e ponha no braseiro. Incense a partir da porta de entrada, passe por todos os cômodos, sempre com as janelas abertas, e termine no final da residência ou do seu comércio. Mantenha um pensamento positivo, mentalizando sempre o que deseja, para chamar somente coisas boas para a sua vida e também para os demais componentes do local.

19) Defumador para atrair dinheiro e prosperidade para sua casa ou comércio II

INGREDIENTES

essência de sândalo
essência de verbena
essência de baunilha
folhas de abre-caminho

COMO FAZER

Coloque no braseiro algumas gotas de essência de sândalo, essência de verbena, essência de baunilha e folhas de abre-caminho. Defume sua casa ou seu comércio da porta da rua para dentro.

20) Defumador para atrair alegria e felicidade

INGREDIENTES

pétalas de rosas brancas secas
pétalas de rosas amarelas secas
pétalas de rosas vermelhas secas
folhas de manjerona secas
uma colher de sopa de açúcar cristal
uma colher de sopa de araruta
uma colher de sopa de camomila
uma colher de sopa de sementes de girassol
um pouco de incenso
três velas de 12 horas (uma amarela, uma azul e uma branca)
essência de lavanda

COMO FAZER

Misture os elementos e coloque num braseiro. Comece a defumar da porta para dentro, mentalizando somente coisas boas, muita alegria, amizade, felicidade, e peça ajuda às forças positivas da natureza. Defume todos os cômodos e deixe queimando nos fundos da casa. Acenda as velas durante três dias: a amarela no primeiro dia; a azul no segundo dia; e a branca no terceiro. Muitas alegrias e bons amigos!

perfumes

Os perfumes têm sua importância e seu valor porque trazem a essência vital das plantas, das flores, o poder maravilhoso da Natureza. A má qualidade dos perfumes, o momento errado do seu uso ou a quantidade exagerada podem provocar reações contrárias às desejadas. Usado em medida certa e com discernimento, um perfume torna-se agradável, atraente e marca o seu usuário. Pessoas que o utilizam em demasia são muitas vezes evitadas, tornando-se desagradáveis.

O cheiro artificial dos perfumes produzidos pelo homem se faz notar, mas, diferentemente do perfume natural, não toca na parte emocional. Já o aroma de origem pura, autêntico, produzido pela natureza, penetra na pele, percorre a corrente sanguínea e chega ao cérebro, atingindo as partes físicas que agem nas emoções e nos sentimentos.

de bem com a vida

1) Para atração, para conquistar um amor

INGREDIENTES

um vidro de perfume de boa qualidade, com tampa
uma colher de chá de noz-moscada ralada
sete cravos-da-índia bem macerados
uma pitada de canela em pó
folhas de agarradinho (a trepadeira amor-agarradinho) socadas

COMO FAZER

Este perfume deve ser preparado numa sexta-feira ou num sábado, em dia de Lua Nova ou Crescente, e pode ser feito tanto para mulheres quanto para homens.

Coloque os ingredientes dentro do vidro de perfume e deixe-os em infusão durante nove dias. Passado esse tempo, utilize o perfume quando for participar de festas, de grandes eventos; quando estiver com a pessoa desejada ou até mesmo para fazer novas conquistas. Sempre que usá-lo, balance bem o vidro, para fazer uma boa mistura dos elementos. Para ajudar a fluir a positividade na sua vida sentimental, procure estar bem sintonizada, harmoniosa com você e com as pessoas ao seu redor, preparada para reconhecer o "seu momento"!

2) Perfume para encantar o ser amado

INGREDIENTES

um perfume de boa qualidade, com tampa
uma pitada de fava de pichulim (pichurim) ralada
uma colher de chá de pó de sândalo

uma pitada de fava de baunilha ralada ou cinco gotas de essência de baunilha
uma colher de chá de noz-moscada ralada

COMO FAZER

Quando for usar este perfume, chame pela pessoa amada e mentalize coisas boas.

Ponha os ingredientes dentro do perfume, feche o vidro e balance-o várias vezes. Deixe em infusão por sete dias. Passe a usá-lo toda vez que for encontrar o seu amor. Este perfume somente poderá ser usado por você.

Talismãs

Desde a antiguidade, em quase todas as culturas e religiões, as pessoas gostam de carregar nos bolsos ou de guardar em casa objetos que acreditam ter o poder de afastar negatividades e a má sorte. A estes objetos são atribuídos poderes extraordinários. Eles agem de forma defensiva porque são preparados e recebem elementos e forças positivas. A partir daí imunizam o seu proprietário de cargas negativas. Mas existe uma diferença entre talismã e amuleto, possuindo ambos, porém, a mesma função: a de proteger quem os usa.

Amuletos são aqueles objetos que já encontramos prontos na natureza e podem ser de origem mineral, animal ou vegetal. Os mais comuns são os cristais, as pedras, pés de coelho, ramos de arruda, trevos de quatro folhas etc. Já os talismãs são elementos feitos pela mão do homem, como os escapulários, patuás, terços etc. Ao preparar para você um amuleto ou um talismã, se for atendida no seu pedido, não esqueça de agradecer, pois as boas energias da natureza agiram em seu favor!

1) Talismã para eliminar interferências negativas do seu relacionamento amoroso

INGREDIENTES

um porta-joias pequeno
uma pedra de ametista
meio litro de água mineral sem gás
uma colher de sopa de sal grosso
papel branco

COMO FAZER

A ametista é uma pedra que tem a capacidade de captar e também de expelir as negatividades.

Primeiramente, você vai energizar a ametista: coloque-a num recipiente e cubra com a água mineral e deixe durante 24 horas em local onde receba a iluminação da Lua e do Sol.

Corte um pedaço de papel branco em formato de coração, do tamanho do porta-joias, e escreva nele cinco vezes, a lápis, o nome do seu amor. De manhã cedo, em jejum, sem falar com ninguém, retire a ametista da água e passe-a pelo seu corpo, da cabeça aos pés, pedindo que as forças do amor resguardem seu relacionamento etc. Coloque o coração de papel no porta-joias e a ametista por cima. Feche o porta-joias e guarde-o em local reservado.

2) Talismã para fazer o seu homem lhe amar cada vez mais

INGREDIENTES

uma tigela pequena de louça com tampa
um par de alianças (ouro, prata ou bijuteria)
essência de rosas
essência de morango
essência de baunilha
uma moeda corrente
uma flor amarela
uma pedrinha de rio ou cachoeira (ver adiante como obter)
papel branco

COMO FAZER

No primeiro dia da Lua Crescente, Nova ou Cheia, vá a um rio ou a uma cachoeira e procure por uma pedra pequena, de tom amarelado. Quando achá-la, pegue-a e deixe em seu lugar uma moeda e uma flor amarela, em agradecimento às forças elementares da natureza. Lave-a bem no rio ou cachoeira.

Ao chegar em casa, escreva a lápis num papel o nome da pessoa amada cinco vezes e coloque dentro da tigela, com a pedra e o par de alianças por cima. Regue com um pouco das essências, sem cobrir totalmente a pedra. Faça seus pedidos às divindades do amor, tampe a tigela e deixe-a em local bem resguardado. Não deixe secar; quando necessário, complete com as essências. Quando fizer este talismã, procure estar vestida com uma roupa branca ou amarela. Use também uma peça na cor dourada. Boa sorte!

3) Talismã para segurar a pessoa amada

INGREDIENTES

uma *bonbonnière* pequena com tampa
um pedaço pequeno de pano amarelo
uma foto do ser amado
cinco pedras de topázio amarelo
cinco pedaços de ímã
um par de olhos de boneca
cinco peras bem macias
sabão neutro
água mineral
perfume da sua escolha
um prato

COMO FAZER

Faça este talismã num sábado, em época de Lua Nova, Cheia ou Crescente, entre 15 e 18 horas.

Lave as pedras de topázio com um sabão neutro e água mineral. Depois, passe-as num perfume de boa qualidade, chamando pela pessoa desejada. Enrole a foto da pessoa no pano amarelo e coloque na *bonbonnière*. Ponha por cima as pedras, os pedaços de ímã, — para atrair o seu amor —, os olhos de boneca e sopre cinco vezes ali em cima. Peça o que deseja à deusa do amor, tampe a *bonbonnière* e coloque em uma estante na sua sala ou no seu dormitório. Ponha as peras num prato próximo a este talismã, pedindo que as forças da natureza o ajudem a trazer a pessoa amada para bem próximo de você. De três em três meses, coloque as peras, refazendo seus pedidos.

4) Talismã para você ter mais domínio sobre pessoas de seu interesse

INGREDIENTES

um vidro largo e bonito com tampa
areia de rio
areia de cachoeira
areia da beira do mar (maré alta)
terra de uma praça bem movimentada
cinco conchas do mar
um pedaço de cristal
água de rio, cachoeira ou mineral (sem gás)
papel branco
moedas correntes

COMO FAZER

O ideal é fazer este talismã num domingo, de Lua Crescente ou Nova, ao nascer do Sol. Procure, antes de fazer o talismã, lavar o cristal em água de rio, de cachoeira ou, na falta destas, em um pouco de água mineral sem gás. Deixe uma moeda nos locais de onde retirou as areias e a terra, como pagamento pelo elemento retirado da natureza.

Escreva em cinco pedaços de papel o nome da(s) pessoa(s). Lave bem o vidro e seque-o. A seguir, faça camadas: na primeira coloque a terra de praça e um papel com o nome; a seguir, a areia de cachoeira e outro papel; a areia de rio e um papel; a areia da praia e outro papel. Ponha por cima as conchas. Cubra-as com o último papel e ponha o cristal em cima dele. Faça seus pedidos às deusas das águas doces e salgadas e a todas as forças elementares das água. Tampe o vidro e guarde-o em local resguardado. Este talismã é muito poderoso e deve ser usado com bastante equilíbrio.

5) Talismã para seu amor ficar cada vez mais envolvido e não deixá-la(o)

INGREDIENTES

um vidro largo com tampa
uma foto da pessoa amada (se possível)
um quartzo rosa
papel branco
perfume de boa qualidade
essência de verbena
essência de rosas brancas
essência de melissa
água mineral sem gás

COMO FAZER

Deixe o quartzo de molho num copo com água mineral e coloque no sereno, durante 24 horas, numa sexta-feira, em dia de Lua Nova ou Cheia.

No sábado, pela manhã, coloque no vidro um papel com o nome da pessoa, escrito a lápis, e a foto. Vá fazendo seus pedidos e ponha o quartzo; acrescente algumas gotas de perfume, um pouquinho de cada essência, e feche o vidro. Se quiser, enfeite o vidro e guarde-o em local bem secreto. Não deixe secar; vá sempre acrescentando, quando necessário, as essências.

6) Palmeirinha do amor (para trazer de volta ou aproximar ainda mais o seu amor)

INGREDIENTES

um pé de palmeirinha
um vaso para plantas, tamanho médio, bem bonito
terra
um pedaço de quartzo rosa
um pedaço de topázio amarelo
um pedaço de turquesa
uma pedra água-marinha
um ímã
água mineral
perfume da sua escolha

COMO FAZER

Este é um amuleto interno, que fica em sua casa. No momento de sua confecção não se deve falar com ninguém. Faça de preferência numa sexta-feira, ao nascer do dia. Primeiro energize as pedras, colocando-as de molho em água mineral por 24 horas.

Lave o vaso com água e algumas gotas de um bom perfume, pensando sempre na pessoa amada. Ao segurar cada pedra, mentalize as forças da natureza e peça que tragam seu amado de volta e o tornem melhor e mais chegado a você.

Coloque um pouco de terra no vaso, a seguir o quartzo, o topázio, a turquesa, a água-marinha e a palmeirinha. Ponha o ímã por cima das raízes da planta e acrescente mais um pouco de terra. Se conseguir, segure o vaso próximo ao seu coração, chamando pelo seu amor. A seguir, leve à parte exterior e

de bem com a vida

mostre-o ao Sol. Coloque o vaso num local bem visível e bem ventilado. Cuide bem desta planta, para que ela cresça e floresça, como o seu amor!

7) Talismã para prender um amor difícil

INGREDIENTES

um colar de ametista
uma foto ou uma peça de roupa usada da pessoa amada
uma vasilha pequena com meio litro de água do mar
uma vasilha pequena com meio litro de água do rio
uma vasilha pequena com meio litro de água da cachoeira
uma vasilha pequena com meio litro de água da lagoa

COMO FAZER

As águas acima solicitadas devem ser colhidas num dia de Lua Crescente, Cheia ou Nova.

Forre um local em seu quarto e coloque as vasilhas com água. Na primeira noite, ponha o colar na água do mar; na segunda noite, na água do rio; na terceira noite, na água da cachoeira; e na quarta noite, na água da lagoa, sempre mentalizando forças positivas para aquele amor difícil. A cada dia despeje a água já utilizada numa planta, pedindo que aquela água retire e leve todas as influências negativas do seu relacionamento amoroso etc. No quinto dia coloque o colar em cima da foto (ou peça) e deixe por 24 horas. A seguir use-o de um dia para o outro e, posteriormente, sempre que for sair com a pessoa amada.

8) Talismã para que nada interfira na sua vida amorosa

INGREDIENTES

um anel com ametista (pode ser uma bijuteria)
meio litro de água mineral sem gás
uma colher de sopa de sal grosso

COMO FAZER

Num dia de Lua Crescente, Cheia ou Nova, em maré alta, leve o anel à beira de uma praia e lave-o em quatro ondas. Ponha o anel no dedo. Ao chegar em casa, coloque-o num recipiente com a água mineral sem gás e o sal grosso, para energizá-lo. Deixe-o no sereno, recebendo a claridade da Lua, e mais seis horas recebendo a luz solar, sempre mentalizando o que deseja. No dia seguinte retire e, a partir daí, use o anel cotidianamente.

9) Talismã para seu amor não lhe abandonar

INGREDIENTES

um vidro de boca larga
fita fina vermelha (com a medida do seu pé esquerdo até o seu coração)
3 colheres de sopa de azeite de oliva de boa qualidade
uma colher de sopa de açúcar mascavo
uma gota de azougue
sete pedaços pequenos de ímã

de bem com a vida

uma rosa vermelha
um pedaço de tecido vermelho

COMO FAZER

Escreva o nome do seu amor várias vezes na fita, com um lápis. Firme seu pensamento no ser amado e vá dandos vários nós em toda a fita. Coloque-a no vidro e acrescente o azeite, o açúcar, o azougue, os pedaços de ímã. Passe a rosa pelo corpo, especialmente no coração, fazendo seus pedidos, e ponha dentro do vidro. Tampe-o e envolva no pano vermelho. Enterre o vidro bem profundamente num jardim ou em um vaso grande, com uma planta sem espinho. A partir daí cuide bem desta planta e deixe-a em lugar bem arejado e que receba os raios do Sol. Sorte!

10) Saco do Amor para atrair amor, sorte e alegria

INGREDIENTES

um pedaço de veludo vermelho
sete folhas verdes de louro
sete cravos-da-índia
sete pedaços de canela em pau
sete flores sempre-vivas
um ímã
uma pedra semipreciosa vermelha
água mineral
papel vermelho
fita vermelha

COMO FAZER

Faça no segundo dia da Lua Cheia. Em primeiro lugar, energize a pedra, colocando-a de molho em água mineral, por 24 horas, em um local onde ela receba a luz da Lua e do Sol.

Procure fazer este talismã pela manhã, depois do banho, bem arrumada, perfumada. Faça um saco pequeno (15 x 15 cm) com um pedaço de veludo vermelho. Escreva uma carta, num pedaço de papel vermelho, com seus pedidos básicos e essenciais, e assine-a. Coloque dentro do saco e acrescente as folhas de louro, os cravos-da-índia, a canela em pau, as sempre-vivas, o ímã e a pedra semipreciosa. Ande pela casa toda com o saco de veludo. Leve para a parte exterior, levante para mostrar ao Sol e aos quatro cantos do Universo, pedindo a força, a atração e a energia deste astro. Amarre com uma fita vermelha e pendure atrás da porta de entrada ou do seu quarto.

11) Pote da fartura

INGREDIENTES

um pote de vidro transparente
sete pedaços de ímã (ou um ímã com formato de ferradura)
pó de café
açúcar
farinha de mandioca
arroz branco cru
feijão preto cru
milho vermelho cru
grão-de-bico cru
milho-alho
canjica branca crua

de bem com a vida

um pedaço de prata
um pedaço de ouro
um pedaço de cristal
ramos de trigo
água mineral
verniz incolor de artesanato

COMO FAZER

Antes de fazer, energize o cristal: coloque-o de molho em água mineral por 24 horas, em lugar onde possa receber a luz da Lua e também do Sol.

Ponha dentro do vidro os ímãs, acrescente levemente uma camada de pó de café, outra de açúcar, sem deixar misturar. A seguir, a farinha de mandioca, o arroz, o feijão preto, o milho vermelho, o grão-de-bico, o milho-alho e a canjica branca. Por cima acrescente uma peça de prata, uma de ouro e um pedaço de cristal de qualquer cor. Para evitar que dê fungos, cubra com uma camada de verniz e enfeite com ramos de trigo. Deixe em local alto, dentro de sua casa, oferecendo às forças da agricultura e da natureza. Este pote é feito para trazer fartura e prosperidade, para que nunca faltem alimentos em sua casa!

12) Limpeza energética da sua casa ou do seu comércio

INGREDIENTES

um recipiente de vidro
água pura
carvão

COMO FAZER

Pela manhã, coloque um pouco de água em um recipiente de vidro e acrescente uma pedrinha de carvão. Deixe num cantinho discreto, pedindo que aqueles elementos absorvam todas as vibrações negativas do ambiente. Quando a pedra de carvão afundar, jogue fora a água e o carvão e repita o procedimento.

13) Patuá para evitar olho-grande na sua casa ou comércio

INGREDIENTES

um par de sementes de olho-de-boi
uma ferradura pequena
sete moedas de qualquer valor
um pedaço de pano verde pequeno

COMO FAZER

Faça um saquinho com o pano verde, coloque dentro todos os ingredientes e feche. Pendure atrás da porta da sua casa, pedindo às forças do Universo que não deixem o olho-grande e a inveja penetrarem em sua casa ou comércio. De seis em seis meses retire, coloque tudo numa mata e faça outro.

de bem com a vida

14) Talismã da fartura, para atrair coisas boas, positivas

INGREDIENTES

um chifre de boi ou de búfalo
sete ímãs
uma ferradura
sete moedas (uma prateada, três de cobre e três douradas)
sete pimentas-da-costa
uma colher de sopa de açúcar mascavo
azeite de oliva
uma folha de espada-de-são-jorge
um pé de comigo-ninguém-pode

COMO FAZER

Faça no terceiro dia da Lua Crescente ou Cheia.

Lave o chifre e coloque nele uma quantidade de água suficiente para cobrir tudo. Acrescente o azeite, o açúcar, os demais elementos e arrume as plantas. Pendure na frente de sua casa, em cima da porta. Não deixe secar, renove sempre a água e o azeite. Refaça de seis em seis meses.

15) Árvore da defesa (para livrar de invejas, pragas, feitiços, olho-grande)

INGREDIENTES

um vaso grande
terra adubada
um par de ferraduras

talismãs

sete favas de olho-de-boi
sete pimentas-malagueta ou dedo-de-moça
sete moedas de cobre
sete pedaços de ímã
sete pregos grandes
setes nozes-moscadas
uma figa de azeviche
um pedaço de prata
um pedaço de ouro
mel
azeite de oliva
um pé de palmeirinha ou um dendezeiro pequeno
um pé de comigo-ninguém-pode
um pé de espada-de-são-jorge
um pé de espada-de-santa-bárbara
açúcar
essência de noz-moscada

COMO FAZER

Este amuleto é ideal para ser colocado na entrada de casa ou de um comércio. É excelente defesa para "segurar" as negatividades do dia a dia!

Coloque um pouco de terra no vaso e acrescente os elementos acima (enfie na terra os pregos e a figa, em pé). Regue com um pouco de mel e de azeite. Ponha as plantas e dê-lhes uma arrumação bem artística e bonita. Acrescente o resto da terra e um pouco de água açucarada. Peça defesa às forças da natureza, aos senhores das matas. Deixe em local bem visível, onde quem entrar veja o vaso ao primeiro olhar. De vez em quando regue com água misturada com 15 gotas de essência de noz-moscada. Quando a palmeira morrer, retire-a e plante outra no mesmo local.

chás

A natureza é tão benevolente com o homem, e é também tão sábia, que disponibilizou para ele uma infinidade de plantas e folhas com poderes medicinais e curativos. Desde os tempos mais remotos os seres humanos sempre se aproveitaram e se beneficiaram com o seu uso, transformando muitas delas em chás deliciosos. E este costume milenar teve início nos povos do continente asiático. Sábios e precavidos, eles sabem se utilizar das ervas com muita parcimônia, para que não haja desperdício, evitando assim a sua falta! No Brasil, com a sua grandiosa e diversificada flora, nossas avós também sempre se utilizaram das ervas para as mais variadas situações e ocasiões, fazendo com elas excelentes remédios. Porém, o uso das plantas requer certos cuidados e alguns conhecimentos para seu melhor aproveitamento.

ATENÇÃO ÀS DICAS ABAIXO:
1) Os chás indicados para gripes, resfriados, calmantes, digestivos, para dores etc. devem ser tomados bem quentes. Os chás sociais são servidos em uma temperatura mais amena.

2) Quando utilizados como remédios, só devem ser tomadas, no máximo, três xícaras médias de chá por dia, por um período não superior a 30 dias, dando-se um descanso de 15 dias. Isto porque todas as plantas têm uma certa toxicidade e o seu excesso pode causar malefícios à saúde.
3) Os chás medicinais só devem ser adoçados com mel sempre depois de coados e mornos, porque o calor destrói o poder medicinal do mel. Os chás sociais podem levar açúcar ou adoçantes.
4) As folhas e as flores usadas para os chás devem ser colocadas em infusão; se fervidas, estas volatilizam o aroma e perdem o sabor e o seu poder medicinal. As raízes, os caules e as sementes são levadas ao fogo com água, para ferver.
5) As crianças só devem tomar chás após os dois anos, assim mesmo bem fraquinho.
6) Os chás devem ser colocados em recipientes de vidro ou de louça. E só devem ser preparados em quantidade suficiente para apenas um dia. Os chás não devem ser guardados de um dia para o outro, porque a erva perde suas propriedades.
7) Os chás indicados para estimular as funções digestivas devem ser tomados em horários próximos às refeições. Os demais chás devem ser tomados longe das refeições.

1) Chá para relaxar e acalmar — I

INGREDIENTES

flores de tília
folhas de melissa (*Melissa officinalis*)

COMO FAZER

Ponha em uma xícara uma colher de chá de tília e outra de melissa e complete com água fervendo. Deixe tampado por alguns minutos e, a seguir, coe e beba bem quentinho. Se quiser, adoce com um pouco de mel.

2) Chá para relaxar e acalmar — II

INGREDIENTES

flores de camomila
folhas de capim-cidreira

COMO FAZER

Coloque numa xícara de água fervendo uma colher de chá de camomila e outra de capim-cidreira. Tampe por alguns minutos. Coe e utilize numa temperatura que considere ideal.

3) Chá para relaxar e acalmar — III

INGREDIENTES

folhas de maçã secas
canela em pau

COMO FAZER

Ponha um litro de água numa panela e deixe ferver. A seguir, acrescente folhas de maçã secas e um pedaço de canela em pau. Tampe a panela e aguarde cinco minutos. Desligue e tome morninho; se quiser acrescente um pouco de mel na hora de beber.

de bem com a vida

4) Chá para relaxar e acalmar — IV

INGREDIENTES

frutos de maracujá

COMO FAZER

Coloque numa panela dois litros de água e a polpa de dois maracujás grandes. Leve para ferver até formar uma espuma por cima. Apague o fogo e abafe. Tome morno e só adoce quando for beber.

5) Chá digestivo ou para gases

INGREDIENTES

sementes de erva-doce
flores de camomila

COMO FAZER

Ponha uma chaleira no fogo com duas xícaras de água e uma colher de chá de erva-doce. Tampe, deixe ferver por uns dois minutos e acrescente uma colher de chá de camomila. Desligue. Após alguns minutos coe o chá e tome três vezes por dia.

6) Chá de hortelã para boa digestão e para renovar as energias

INGREDIENTES

folhas de hortelã frescas

COMO FAZER

Numa xícara com água fervendo acrescente uma colher de chá de folhas de hortelã. Tampe e, após, beba bem quentinho.

7) Chá digestivo que ajuda a combater radicais livres e o colesterol

INGREDIENTES

folhas de chá verde (*Thea sinensis*)

COMO FAZER

Coloque uma colher de sopa de chá verde em um litro de água e deixe ferver por uns cinco minutos. Apague o fogo e abafe a panela por 10 minutos. Coe. Não adoce, pois o açúcar corta o efeito do chá contra o colesterol.

8) Chá de erva-doce (para cólicas dos bebês, cólicas menstruais, gases intestinais e mau hálito)

INGREDIENTES

sementes de erva-doce

COMO FAZER

Faça um chá com uma colher de sopa de erva-doce para um litro. Leve para ferver por cinco minutos. Retire do fogo e deixe tampado por uns 10 minutos. Ofereça ao bebê quando estiver quase frio.

de bem com a vida

9) Chá para pele ressecada

INGREDIENTES

flores de calêndula

COMO FAZER

Ponha em uma xícara uma colher de chá de calêndula (as flores devem estar bem amarelinhas, o que significa que estão fresquinhas) e complete com água fervendo. Coe e beba bem quentinho. Se quiser fazer para aplicar na pele, faça o chá um pouco mais forte, com duas colheres de chá. Aplique quase frio, e bem suavemente, no rosto.

10) Chá para tosse, gripe, resfriado, problemas pulmonares

INGREDIENTES

folhas de tomilho
folhas de guaco
própolis
mel

COMO FAZER

Coloque numa xícara uma colher de chá de tomilho e outra de guaco. Acrescente a água fervendo e abafe. Após uns minutos, acrescente gotas de própolis ou mel e tome bem quentinho, de preferência à noite, na hora de dormir. Mulheres menstruadas devem evitar tomar chá com guaco, pois esta erva aumenta o fluxo sanguíneo.

11) Chá para tirar coriza

INGREDIENTES

folhas de tomilho
folhas de sálvia
mel

COMO FAZER

Em uma xícara de água fervendo ponha uma colher de chá de tomilho e outra de sálvia. Abafe por alguns minutos e coe. Tome bem morno; para melhor eficácia, acrescente um pouco de mel de boa qualidade.

12) Chá para alergias do inverno (espirros etc.)

INGREDIENTES

raiz de alcaçuz

COMO FAZER

Coloque no fogo uma panela com dois copos de água e uma colher de sopa de raiz de alcaçuz. Tampe e deixe ferver por alguns minutos. Tire do fogo, coe e beba bem morno.

13) Chá para tirar dores musculares

INGREDIENTES

folhas de baleeira
mel

COMO FAZER

Ferva uma xícara de água e acrescente uma colher de chá de folhas de baleeira. Retire do fogo e tampe. Coe, se quiser acrescente mel e beba bem quentinho.

14) Chá para aliviar queimaduras

INGREDIENTES

folhas de calêndula

COMO FAZER

Uma xícara de água fervendo com uma colher de chá de folhas de calêndula — uma erva que ajuda a regenerar os tecidos. Abafe por dois minutos e tome bem quentinho. Aplique também em pequenas queimaduras, numa temperatura que lhe seja agradável.

15) Chá para rouquidão

INGREDIENTES

cravo-da-índia

COMO FAZER

Ferva uma xícara de água com sete cravos-da-índia. Deixe amornar e faça gargarejo várias vezes ao dia.

16) Chá para baixar a taxa de triglicerídeos

INGREDIENTES

folhas de jamelão

COMO FAZER

Leve ao fogo uma panela com um litro de água; após ferver acrescente sete folhas de jamelão bem lavadas. Desligue, abafe e, após esfriar, tome três xícaras por dia, durante uma semana. Descanse três dias e repita.

17) Chá refrescante de morango

INGREDIENTES

morangos frescos
canela em pau
cravo-da-índia

COMO FAZER

Amasse meia caixa de morango e ponha numa panela com um litro de água, um pedaço de canela em pau e dois cravos-da-índia. Ferva por 10 minutos. Desligue o fogo e tampe bem a panela. Após frio, adoce a gosto.

18) Chá Doce Aroma

INGREDIENTES

cravo-da-índia
gengibre
maçã
flores de camomila
erva-mate
casca de laranja
canela em pau
hortelã fresca
açúcar ou mel

COMO FAZER

Em uma panela coloque dois copos de água, dois cravos-da-
-índia, um pedaço pequeno de gengibre, uma maçã descasca-
da ralada ou batida no liquidificador, uma colher de sopa de
camomila, uma colher de sopa de mate, um pedaço de casca
de laranja, um pau de canela e um galho pequeno de hortelã.
Deixe ferver bem, em fogo baixo. Coe e tome morno ou, se
preferir, gelado. Quando for beber, acrescente um pouco de
açúcar ou de mel.

os autores

Odé Kileuy — tem casa de candomblé na Região Metropolitana do Rio de Janeiro, o Kwe Axé Vodum Odé Kileuy (Axé Kavok).

Vera de Oxaguiã — foi iniciada por Odé Kileuy e, atualmente, é a iya kekerê (mãe-pequena) do Axé Kavok.

Dúvidas:
Odé Kileuy: (021) 2796-2046
Vera de Oxaguiã: verabarros@openlink.com.br

Este livro foi impresso em outubro de 2011, na Gráfica Edelbra,
em Erechim. O papel de miolo é o offset 75 g/m^2
e o de capa é o cartão 250 g/m^2.